¡LA MUY EVITABLE, INEVITABLE TERCERA GUERRA MUNDIAL!

Por Melchor Calderón Espino

editorial
BilinguaTec
publishing

Published by: Bilinguatec, Inc.
(www.bilinguatec.com)

Sarasota, Florida. USA.

ISBN: **1497545099**
ISBN-13: **978-1497545090**

DEDICACIÓN

Con muchísimo orgullo le dedico este libro a todos los niños del mundo; por su hermosa y sana existencia que me inspiró a escribir este libro y a los que quiero dejarles un mundo lleno de amor y paz, libre de pedófilos, drogadictos, asesinos, secuestradores, extorsionadores y traficantes de niños y mujeres.

.

AGRADECIMIENTO

A todas las personas que me han ayudado para la proyección de este libro; pero principalmente al Ing. Germán Calderón, mi editor, que ha puesto todo su esfuerzo en la etapa final para que pueda ser publicado.

Así como agradecimiento para Álvaro González, por sus diferentes opiniones acerca del título del libro y a Estéfano del Francia, por su apoyo incondicional a mi esfuerzo.

Igualmente agradezco a todas las personas inteligentes y razonables que leerán este libro y me ayudarán a evitar "LA TERCERA GUERRA MUNDIAL", Igualmente evitarán el que proliferen las drogas psiquiátricas que se les suministran a los niños sin razón ni motivo. Así mismo, es imperativo que me ayuden a evitar las drogas duras, como la heroína, la cocaína, el krokodril, etc, etc, que consumen gran cantidad de adultos y que en lugar de disminuir, van en aumento.

¡OJALÁ DIOS NOS AYUDE A LOGRARLO!

¡LA MUY EVITABLE, INEVITABLE TERCERA GUERRA MUNDIAL!

Por Melchor Calderón Espino

Ojalá este libro lo lean más de cien millones de personas; sobre todo gobernantes y líderes políticos de todas las naciones del mundo, principalmente aquellas que tienen armas atómicas y proyectiles intercontinentales de largo alcance, antes de iniciar LA TERCERA GUERRA MUNDIAL.

Si algún estúpido de ellos, cree que va a resultar vencedor; permítanme decirles que no será así, pues al final habrá solo destrucción, desolación y también muerte.

La vida sobre la tierra, desaparecerá completamente; pues los efectos de las radiaciones. No tendrán misericordia sobre ningún ser vivo (seres humanos, animales y plantas). Y mi espíritu vagará por todos los confines de la tierra gritando: ¡SE LOS DIJE ESTUPIDOS, SE LOS DIJE; QUE TODO ESTO IBA A PASAR! Si acaso queda algo de éste mundo, pues a lo mejor explota y se convierte en otra zona de asteroides, como la existente entre Marte y Júpiter.

Me gustaría mostrarles una fotografía del universo y si no tengo la oportunidad de hacerlo, los invito a que Uds. busquen alguna en cualquier libro de astronomía; para que se den cuenta de la inmensidad del mismo. Con sus millones de galaxias integradas por miles de millones de estrellas, iguales o más grandes que nuestro sol, que lógicamente, tienen planetas girando alrededor de ellos.

Muchos de los líderes mundiales, con una u otra justificación atacan e invaden otros países con el único fin de controlar sus riquezas.

Su mentalidad es muy corta, pues no se dan cuenta; que si afectan los intereses económicos de otras naciones; los pueden obligar a intervenir y así se va incrementando el conflicto hasta que da comienzo a una nueva guerra que ya no se puede parar.

Lo de menos seria, que se utilizaran solo armas convencionales, como aviones, cruceros, tanques, AK 47, etc., etc., donde morirían miles de personas, o quizá millones como en la segunda guerra mundial, pero si se les ocurriera empezar a usar las armas atómicas, entre los países contendientes. Ahí, irremediablemente se acaba el mundo.

¿Por qué mejor no se ponen de acuerdo y conjuntamente buscan la forma de conquistar Marte, Venus, Júpiter y todos los miles de millones de planetas que hay en el universo y le regalan uno, a cada uno de los ambiciosos que hay en la tierra y nos dejan vivir en paz?

Por esos individuos ambiciosos, es la razón por la que no se va a poder evitar la tercera guerra mundial.

Ya tienen miles de millones de dólares, que no se pueden gastar en lo que les resta de vida; ni lapidándolo diariamente.

Muchos soltarán la carcajada cuando lean esto, porque saben que es verdad y mientras tanto miles de niños mueren día tras día, de hambre, frio y enfermedades en los países tercermundistas.

El consuelo que me queda, es que la muerte también se los va a cargar; aunque se construyan bunkers para protegerse de las bombas atómicas.

Mucha, muchísima gente pensara y dirá que estoy loco, pero yo los invito a pensar y razonar acerca de esto.

La producción de armamentos es demasiado elevada, en gran cantidad de países; entre los que podemos mencionar, a E.U.A., Rusia, China, Inglaterra, Francia y muchísimos otros países más. A tal grado, que la oferta ya rebaso la demanda; esto quiere decir, que ya se están produciendo más armas que las que se requieren, por lo que se buscara; provocar guerras regionales o entre países que tengan pugnas o riquezas que se quieran controlar, para poder desplazar la sobre producción de armamento.

Acabo de comprar una computadora, para que a través del internet; pueda concientizar a los que controlan las naciones más poderosas del mundo. Para que no vayan a desatar un holocausto de dimensiones catastróficas. Donde no habrá ningún vencedor, sino todos derrotados y muertos. ¡Ojalá no sea demasiado tarde!

Es tal la ignorancia en el mundo, que el 90 % de la gente ignora la posibilidad existente de que se pueda iniciar la tercera guerra mundial.

Casi todos actuamos como animalitos, con un itinerario fijo y una rutina constante. De la casa al trabajo y del trabajo a la casa, la mayoría vemos televisión y muy pocos podemos disfrutar de algunas vacaciones. Y esto hay que aclararlo, solo existe en países que más menos ya estamos bien; pues en los tercermundistas, hay lugares donde todavía no tienen ni que comer; menos televisiones que ver.

Las noticias de las guerras existentes en diversas partes del mundo, no se toman en cuenta casi para nada; sino, pregúntale a cualquier persona alrededor tuyo. Si sabe algo de los enfrentamientos constantes que existen entre Israel y Líbano, entre Norcorea y Sur corea, la intervención de Rusia en Georgia, la guerra de E.U.A. en Afganistán y los roces constantes entre Irán y E.U.A. e Israel, que pueden encender la mecha, para otra confrontación de mayores dimensiones. Te aseguro que casi nadie sabe algo al respecto, ni hombres, ni mujeres ni jóvenes, ni viejos.

Todas estas son guerras que no nos han afectado, porque no hemos estado dentro de ellas, pero los niños que las han sufrido, unos muertos, otros quemados y otros lisiados. Son una vergüenza para los adultos que las han ocasionado.

La corrupción y la ambición en la mayoría de los países del mundo, sobre todo en los gobiernos en sus diferentes niveles y dependencias, han ocasionado un aumento imparable del narcotráfico, del tráfico de mujeres y niños; así como el tráfico de armas.

La corrupción, la ambición y la impunidad; han sentado sus reales, en los gobiernos de todas las naciones y será muy difícil, casi imposible, el poder quitarla. Sin embargo debemos de poner todo nuestro esfuerzo en combatirla. Con leyes más estrictas que no puedan cambiarse fácilmente, si queremos salvar a la humanidad.

Hay muchas cosas horribles que están acabando con la moral, el respeto, el bienestar de la familia y la sociedad en todo el mundo, principalmente las mafias, los terroristas, los carteles de las drogas y los traficantes de mujeres y niños para prostituirlos o para surtir a los pedófilos; que cada vez se manifiestan sin ningún recato, como sucede en Holanda, en E.U.A., en Inglaterra, en Alemania, en España y en tantos otros lugares del mundo, donde muchos sacerdotes han violado una cantidad exagerada de niños y que no los castigan, sino que solo los cambian de lugar. Lo correcto sería, imponerles el cese inmediato de sus funciones y el castigo penal correspondiente.

¿Qué diría JESUCRISTO, si hubiera visto eso entre sus apóstoles? La iglesia católica, está perdiendo cantidad grande de fieles por esa razón.

No hay justificación ninguna para que curas y obispos cometan semejantes atrocidades, siendo los representantes de CRISTO en la tierra (afortunadamente no todos), pero esto debe terminar sin disculpa ni pretexto inmediatamente, Por lo tanto tengo la sagrada responsabilidad de escribir este libro. Nadie, absolutamente nadie tiene el derecho de secuestrar y hacer el mal a las personas secuestradas. Como matarlos o mutilarlos; cortándole los dedos o alguna parte de su cuerpo y menos aun cuando ya pagaron por su rescate.

Lo menos que les corresponde a estos delincuentes, es la pena de muerte y si acaso no existiera; cuando menos cadena perpetua (llámese F.A.R.C., ó pandillas criminales organizadas como la mara salva trucha etc., etc.

En la actualidad esta tan fuerte la acción del secuestro, que ya nadie puede caminar por la noche o viajar por determinados lugares, sin sufrir cualquier acto criminal.

Hace veinte años, yo recorría casi todo México acompañado de mi familia y recuerdo que me podía detener en cualquier lugar sin peligro absolutamente de nada. Por el contrario todos los lugareños se acercaban respetuosos y amables ofreciéndonos su apoyo para cualquier cosa que necesitáramos y yo me sentía orgulloso de mi país y de su gente.

Y hoy sin embargo, eso ya es prácticamente imposible. Por eso debemos de luchar con todo nuestro esfuerzo, para evitar que proliferen los secuestros y los asesinatos con leyes más estrictas y penalidades más duras en contra de los delincuentes. Las personas honestas, con niños y jóvenes buenos a nuestro alrededor; no debemos permitirlo.

LAS DROGAS

En Afganistán, se sembraron en el 2001, veinte mil acres para cultivar opio y en el 2007 subió el lugar cultivable, hasta 476,000 acres. ¿A quién y en donde van a vender semejante cantidad de droga? La respuesta es en E.U.A. y Europa, a los adultos, a los jóvenes y a los niños.

La tremenda producción de cocaína en Colombia, en Perú, en Bolivia y en otras partes del mundo. Además de las substancias Psicotrópicas que se elaboran en muchísimos países, entre ellos México y el sudeste Asiático; casi todas ellas llegan a E.U.A. a España y a los principales países Europeos que también la consumen. Debo aclarar que la elaboración de estas substancias Psicotrópicas, está legalizada en muchos países y que aparte de las bombas atómicas; también pueden acabar con toda la humanidad.

La producción y el tráfico de drogas jamás se podrán detener; a menos que haya un acuerdo conjunto en las naciones unidas. De aplicar leyes más estrictas, contra el tráfico, la corrupción y la impunidad que existe en todos los países involucrados. Una base general de datos, registrada en un sistema de computadoras; que tendrían todos los países, daría la facilidad de localizar a los delincuentes en cualquier parte del mundo.

Los jueces, no deben de ser cómplices de los delincuentes; vendiéndose al mejor postor, pues con el simple hecho de que les ofrezcan millones de dólares, son capaces de convertirse en blancas palomas y defender a lo máximo, tanto a criminales como narcotraficantes y pedófilos, declarándolos inocentes.

A cualquier funcionario que se le compruebe que está actuando con premeditación, alevosía y ventaja; favoreciendo a cualquier delincuente por cuestión de dinero, se le debe cesar inmediatamente y evitar que siga ejerciendo.

Alguien me dijo una gran verdad cuando me comentó, no me traigas problemas, ni comentarios; sólo tráeme soluciones. Pues bien, si se quiere acabar con todas las cosas que están degradando a la humanidad llámese narcotráfico, pederastia, tráfico de mujeres y niños, asesinatos, secuestros, robos, etc. etc. Lo primero que hay que hacer es: Acabar con la corrupción y con la impunidad en todos sus niveles, sea quien sea la persona que cometa estos delitos y si no pueden hacerlo; ¡que Dios los proteja!

Más de cien millones de jóvenes usan drogas psiquiátricas alrededor del mundo. Sin necesidad de hacerles ningún test o prueba, son recetados por médicos y psiquiatras sin medir las consecuencias posteriores.

Voy a enumerar algunas de ellas. Paxil, Lexapro, Prozac, (que le cambiaron el nombre por Sarafem), Ritalin, ADD, Seroquel, Efexor, Adderal, Lithium, Risperdal, Togretol, Elavil, Xanax, Cipramil, Depakote, Zolofft, Clonacepan, Zypresa, Cylert, Thorazine, Propofol, Zymbalta, etc., etc., y muchísimas otras que nada más les cambian el nombre, para que las personas enfermas no se enteren.

El libro con el que se clasifican todos los desordenes

mentales, se llama D.S.M., donde ponen según ellos; todos los desbalances químicos que afectan al cerebro o el desorden bipolar que afecta a los niños.

Existen muchísimas otras drogas psicotrópicas que se usan en antros principalmente. Solamente diré dos de ellas: El Éxtasis y el Rohipnol. Estas son las principales causantes de violaciones y suicidios.

El libro D.S.M., según los psiquiatras es un manual de diagnosis estadístico de timidez y desórdenes mentales, estrés postraumático, depresión, trastornos emocionales y trastornos de ansiedad social.

Cualquier desequilibrio químico en el cerebro ya tiene nombre de enfermedad en este libro, aunque no exista diagnóstico, ni examen alguno que lo certifiquen.

Ojala que los padres de familia, pongan más atención en sus hijos y no permitan que los envenenen con drogas psicotrópicas; que a la larga siempre traen consecuencias funestas.

Si los E.U.A. no ayudan al gobierno Mexicano, en su lucha en contra de los carteles de las drogas, igualmente las consecuencias serán desastrosas para toda la juventud americana.

¡Y CONSTE QUE SE LOS ADVERTI!

Después de haber escrito lo anterior, me puse a pensar que no valía la pena continuar; porque la mentalidad de los narcotraficantes, de los secuestradores, de los asesinos, de los rateros, de los traficantes de personas, de los pedófilos, de los traficantes de armas, está tan arraigada, que ya es prácticamente imposible de cambiarla, sobre todo, si sigue existiendo la CORRUPCION y la IMPUNIDAD en todos los gobiernos del mundo.

Sin embargo, algo me sucedió que me obligó a cambiar de opinión…

Hacía medio año que me había dado el primer ataque cardiaco y me encontraba trabajando en el negocio de mi hija Bertha, cuando volví a sentirme mal. Le informé a mi esposa; la cual le hablo a Maripy (otra de mis hijas) y entre las dos acordaron llevarme a emergencias del hospital Morton de Clearwater, Florida.

Inmediatamente me atendieron y diagnosticaron, que estuvo a punto de darme otro ataque cardiaco; pero el hecho de llevarme y atenderme lo había impedido.

Estuve internado dos ó tres días bajo observación y los médicos propusieron hacerme una intervención quirúrgica, llamada cateterización; para remediar los males de mi corazón. Pero yo no acepte, porque ya me sentía bien.

Me dieron de alta y me fui al departamento donde vivía, creyendo que ya todo estaba superado.

Al día siguiente, como a la una de la mañana; me encontraba acostado en mi cama, cuando de repente, sentí que me faltaba la respiración, me dieron ganas de vomitar y empecé a sudar copiosamente; como si me hubieran echado una cubeta de agua caliente en todo el cuerpo y una terrible opresión y dolor en el pecho del lado izquierdo que me impidió levantarme y moverme. Yo creo que ese fue el primer ataque cardiaco que me dio.

El dolor fue desvaneciéndose lentamente y aunque me faltaba el aire, empecé a respirar un poco mejor.

Como había sentido ganas de vomitar, me fui al baño que estaba como a dos metros de mi cuarto y cuando me sentí mejor; me regresé a mi cama. Todo esto sucedió como en 45 segundos, volví a acostarme y creí que ya había pasado todo, cuando de repente, sentí nuevamente la falta de respiración, la sudoración exagerada y el dolor intenso nuevamente. Mi esposa desde el principio del primer ataque, le había hablado por teléfono a mi hija Bertha y como ella vivía cerca; ya estaba allí con nosotros.

Me pasó lo mismo en el segundo ataque, pero ya no me pare de la cama, nada más me revolqué de dolor, sin embargo; se fue desvaneciendo nuevamente.

¿Cómo te sientes?, me preguntaron al unísono mi hija y mi esposa.

¡Mal, muy mal!, les dije; casi no puedo respirar.

En menos de diez segundos, me empezó el tercer ataque, pero esta vez; el dolor lo sentí más fuerte, la sudoración y la falta de aire más intensa.

Vi a mi hija mover la boca, como hablando algo; pero ya no la escuche y pensé inmediatamente que había llegado el momento de mi muerte.

Me resigné a morir y creí que iba a empezar a ver a mis seres queridos, que ya habían muerto; pero no fue así y nuevamente sentí recuperarme.

Cuando esto sucedió, le dije a mi hija que la había visto mover la boca; pero que no escuche lo que dijo.

También oí que ya le habían hablado a emergencias y que no tardaban en venir los paramédicos.

Le pedí a mi esposa que se acercara a mí, pues sentí que un nuevo ataque se aproximaba.

Efectivamente, en menos de diez segundos, empezó a darme el cuarto ataque. Pero esta vez, fue con mayor intensidad. La sudoración, la falta de aire y sobre todo el dolor insoportable. En aquel momento, estaba seguro que iba a morir y me acordé de JESUCRISTO, cuando estaba en la Cruz a punto de morir y yo también dije:

¡DIOS MIO EN TUS MANOS ENCOMIENDO MI ESPIRITU!

Mi esposa al oírme dijo:

.- No digas eso, pues todavía no te puedes morir; porque nos haces mucha falta.

Yo no sé como el dolor no me doblegó, pues por el

contrario, fue disminuyendo.

En ese momento, llegaron los paramédicos y sin consideración de ninguna especie; me agarraron de la cama y me pasaron a la camilla, como si fuera un costal de papas.

Yo proteste y se los dije a mi hija Bertha, la cual inmediatamente les reclamó su trato.

Ellos me pasaron a la camilla sin tomarla en cuenta y uno de ellos cruzó mis brazos en forma de cruz encima de mi pecho. Alcancé a ver cuando me amarraron con una cinta, en el preciso momento en que me daba el quinto ataque cardiaco. (Si hubiera habido testigos, yo hubiera entrado al record de Guinness).

El dolor iba aumentando de intensidad, cuando perdí completamente el conocimiento. No sé cuánto tiempo pasó, pero cuando desperté; estaba en la cama de un cuarto del hospital Morton de Clearwater.

Ya con el "Stent Implanta Card" hecho en mi corazón, para permitir el flujo de sangre a través de las venas que se me habían bloqueado; operación de la cual ni siquiera me di cuenta.

Ahora comprendo y justifico a los paramédicos la rapidez con que me transportaron, pues si no hubieran actuado así, posiblemente hubiera muerto.

Lo que sí sé, es que pasaron como doce horas en que yo estuve completamente inconsciente.

Cuando llegó la enfermera, me dio inmediatamente tres pastillas y después otras cinco; alternadas con un tiempo de una a dos horas.

Aquí surge un dato importante "LOS MEDICAMENTOS CON EFECTOS COLATERALES". Yo no sé cual fue de ellos, pero uno me produjo en menos de tres horas; un enfisema pulmonar.

Lo bueno fue, que uno de los médicos que me estaba atendiendo se dio cuenta. Me lo dijo y lo suspendió.

Este medicamento, está ocasionando una elevada retención de sodio y consecuentemente líquido en los pulmones. Le indicó a la enfermera que no me lo siguiera dando, pues me pondría peor.

Aquí cabe analizar, que la mayoría de los medicamentos; hechos por los laboratorios tienen esta característica. Pues te alivian de algo, pero te afectan otras partes de tu organismo.

Por ejemplo, en mi caso; esa medicina me estaba ayudando a restituir mi corazón, pero me estaba trastornando el funcionamiento de mis pulmones.

Hay otros medicamentos que te regulan el colesterol, pero te afectan los riñones, el páncreas, la presión arterial, te dan diarrea, etc., etc. Casi todos ellos tienen múltiples efectos colaterales. Así que debes de tener mucho cuidado (SI TU MEDICO NO LO HACE). Pues te alivias de algo, pero te puedes morir de las complicaciones; por las medicinas que te den.

Haciendo un análisis de todo lo que me había pasado. Los cinco ataques cardiacos consecutivos que me habían dado, las complicaciones tremendas del enfisema pulmonar que casi me mata y la salvación casi milagrosa del cardiólogo el Dr. Carlos Bayron. DIOS me había permitido seguir viviendo y esa fue la poderosa razón que me impulsó a continuar escribiendo este libro.

Porque creo que es importante hacerle ver a la humanidad, todos los errores que estamos cometiendo y que pueden acabar con todo lo existente; que el creador nos ha dado con tanto amor y sin condiciones.

Tengo que insistir, aunque no quisiera causarles pánico, porque no encuentro solución a los constantes enfrentamientos en diferentes partes del mundo; donde se involucran en forma directa o indirecta, las naciones más poderosas del mundo; en que existe en un futuro no lejano, "LA INEVITABLE TERCERA GUERRA MUNDIAL".

Las bombas atómicas que destruyeron, Hiroshima y Nagasaki (dos ciudades de Japón), casi al final de la segunda guerra mundial; fueron de una potencia de 20,000 veinte mil toneladas de dinamita. Donde murieron en el momento de la explosión 70,000 personas incluyendo mujeres y niños. Después otra cantidad igual peor a consecuencia de las radiaciones que generaron las bombas.

La mayoría, es decir un 95% de la gente ignora por

completo la historia horrorosa que vivieron estas dos ciudades cuando sufrieron este ataque.

Afortunadamente existen fotos y artículos referentes al respecto, en el internet de todas las computadoras. Por lo que invito a todos los jóvenes del mundo a que lo vean, para que se den cuenta de las consecuencias producidas.

Hoy en la actualidad, existen miles de bombas atómicas. (CUANDO MENOS SEIS MIL EN RUSIA Y CINCO MIL EN E.U.A.). Listas para ser usadas. Aunque estoy completamente seguro que son muchas más.

Pero eso no es lo peor, sino que ahora la potencia de las bombas es mucho mayor; pues su poder destructivo se mide en kilotones o megatones, cada uno de ellos equivale a un millón de toneladas de T.N.T.

Y lo más sorprendente es que las hay de 15 kilotones que se pueden usar militarmente. O la bomba del Zar (Rusa). Detonada el 30 de octubre de 1961 de 50 kilotones.

Ojalá que los principales dirigentes mundiales de E.U.A., Rusia, China, Francia, Inglaterra, India, Pakistán, Israel, Irán, Corea del Norte, etc., etc., se empapen de conocimiento del poder destructivo de estas bombas; pues una guerra mundial usándolas, aunque fueran pocas, traería consecuencias fatales para la humanidad.

No vayan a actuar a la ligera y digan como una candidata a la vicepresidencia de los E.U.A., cuando le preguntaron: ¿qué haría si Rusia atacara o invadiera Georgia?, y ella contestó que atacaría inmediatamente a

Rusia. Como se ve que no tiene conocimiento del poder bélico de Rusia y las consecuencias que traería su declaración de guerra.

Hay cuando menos cuatro o cinco accidentes, que han estado a punto de desencadenar la iniciación de la tercera guerra mundial.

Voy a enumerar unos cuantos:

"La crisis de los misiles en Cuba".- Después de haber descubierto con aviones espías 40 silos nucleares en la isla. John F. Kennedy, entonces presidente de los E.U.A, ordenó el 22 de octubre de 1962, el bloqueo de Cuba y la intercepción de buques soviéticos, enviando navíos americanos y aviones de guerra para hacerlo.

El 24 de octubre, Nikita Jruschov, presidente de la U.R.R.S., dirigió un mensaje a Kennedy diciéndole que consideraba como una agresión a su país y no ordenaría a sus barcos que se desviaran. Las dos flotas quedaron frente a frente a punto de atacarse. Que si lo hubieran hecho, nadie de los que están leyendo este libro viviría para contarlo.

El 27 de octubre, otro avión espía U2, fue derribado por un misil tierra aire; en el oriente de la isla de Cuba. Aumentando aun más la tensión que podría haber provocado la tercera guerra mundial. Sin embargo, ese mismo día, Nikita Jruschov propuso a Kennedy que le quitaría los misiles de Cuba a cambio de la promesa de que no invadiría, ni apoyaría otro ataque contra la isla y que además debería de quitar los misiles estadounidenses de las bases establecidas en Turquía. Kennedy aceptó y quedó como un traidor ante los exilados cubanos y como un débil ante los militares de los E.U.A.

Igualmente sucedió con Nikita, a quien coreaban canciones en Cuba; diciéndole "Nikita mariquita".

Inclusive, hay declaraciones del Che Guevara diciéndole al mundo: "Si los cohetes hubieran permanecido en la isla, los hubiéramos utilizado todos y dirigidos hacia el corazón mismo de los Estados Unidos (incluyendo New York). En nuestra defensa contra la agresión. Pero no los tenemos, así que pelearemos con lo que tenemos".

Comprendo los pensamientos anti-imperialista del Che, pero no hasta el grado de acabar con toda la humanidad, por su odio inconcebible hacia los E.U.A.

Al contrario alabo, post mortem, las acciones de John F. Kennedy y de Nikita Jruschov, que a pesar de ser enemigos y quedar como traidores y débiles en sus respectivos países, llegaron al acuerdo de ceder y no atacarse, evitando el holocausto final.

Pero antes de esto en 1956, en la guerra del canal de Suez, ó más bien entre Israel, Francia e Inglaterra, unidos en contra de Egipto y otras naciones árabes, Rusia estuvo a punto de intervenir a favor de Egipto y hasta amenazó a Inglaterra y Francia con atacarlos si no se retiraban inmediatamente. Los E.U.A. convencieron a los dos países que se retiraran del conflicto, evitando así una guerra; donde también ellos se hubieran comprometido a entrar.

Otro caso que es muy importante saberlo es el error garrafal de NORAD, siglas que significan en el idioma inglés: Sistema de Defensa Aéreo Espacial de Norte América (compuesto de una gigantesca red de radar), cuyo objetivo es el de registrar cualquier vehículo aéreo o espacial, o cualquier misil que se dirija a los E.U.A. y consiguientemente claro está, a cualquier OVNI que entre en el campo de detección.

Los cuatro datos siguientes pueden ser encontrados en el internet de su computadora, si quiere comprobarlos.

El incidente de la cinta equivocada (Estados Unidos).

Poco antes de las 9 de la mañana del 9 de noviembre de 1979, los ordenadores de NORAD en Monte Cheyenne, el mando nacional militar del pentágono y el mando alternativo nacional militar de Fort Richie (Maryland). Notificaron súbitamente la existencia de un ataque nuclear soviético masivo de la categoría MAO 3.

Todo el sistema de represalia nuclear se puso en marcha. Todas las prealertas se transmitieron, los bombarderos despegaron y la defensa civil llego a activarse.

Sin embargo, los datos procedentes de los satélites y de los radares por línea directa no coincidían, no veían ningún misil soviético. Mientras los ordenadores aseguraban que había al menos 300 dirigiéndose a toda velocidad hacia los E.U.A.

La cordura se impuso y no se produjo ninguna represalia,

ni siquiera cuando los ordenadores comenzaron a notificar impactos en el territorio continental de los Estados Unidos.

A esas alturas ya era evidente que se trataba de alguna clase de fallo informático.

En efecto, unas horas después se comprobó que alguien había introducido inadvertidamente una cinta de entrenamiento, como fuente de datos del ordenador central de la red de análisis de amenazas.

Se da la circunstancia de que por aquella época se estaba considerando la posibilidad de computarizar completamente el sistema de represalia nuclear. Especialmente después de que en unas maniobras "REALISTAS", casi el 50 % de las fuerzas de los ICBM Estadounidenses no despegaron debido a problemas de conciencia de los operadores de los silos.

En otra ocasión se presentó el incidente del chip defectuoso.

El 3 de Junio de 1980, menos de un año después del anterior, los centros de mando norteamericanos recibieron otro aviso de que había un ataque nuclear soviético en marcha. Sin embargo, esta vez el ataque no parecía obedecer a ninguna lógica consistente y además, a veces, los ordenadores decían que habían 200 misiles soviéticos en el aire y luego que ninguno; luego otra vez que 200 y las cifras no coincidían en los distintos puntos de mando.

Esta vez no se lo tomaron tan en serio y prestaron inmediatamente atención a los datos directos de los radares y los satélites, viendo que no había ningún ataque en curso.

Se determinó luego que un chip defectuoso en uno de los ordenadores había ocasionado la falsa alarma.

Estos accidentes, no trascendieron a la opinión pública hasta muchos años después.

El incidente del Equinoccio de Otoño (URRS).

El 26 de Septiembre de 1983 (todavía 25 de Septiembre en los E.U.A.), se produjo tal incidente, que colocaría al mundo a escasos segundos del apocalipsis atómico.

A las 00:14 horas de Moscú, un satélite soviético dio la alarma de que un misil balístico intercontinental estadounidense se había lanzado desde la base Malstrom (Montana, EE. UU.), y en 20 minutos alcanzaría la URRS.

Stanislav Petrob, estaba a cargo del bunker Serpujob-15, el centro de mando de la inteligencia militar soviética. Desde donde se coordinaba la defensa aeroespacial Rusa. Su misión era verificar y alertar de cualquier ataque a sus superiores, con lo que se iniciaría el proceso para contra atacar con armamento nuclear al país que los estuviera atacando.

Sólo tres semanas antes, la Unión Soviética había derribado un avión de pasajeros de Corea del Sur, porque había invadido el espacio aéreo soviético, matando a 269 personas a bordo, incluidos varios estadounidenses.

El vuelo fue el 007 de Korean Air.

La OTAN. Pronto comenzó el ejercicio militar "ABLE ARCHER 83", interpretado por la KGB como la preparación de un primer ataque. De acuerdo con la C.N.N., la KGB había enviado un mensaje a sus espías en occidente advirtiéndoles que se prepararan para una posible guerra nuclear.

En principio, Stanislav Petrob pensó que debía de tratarse de un error, porque no tendría sentido que los estadounidenses atacaran con un único misil. Más tarde los ordenadores indicaron que cuatro misiles más se dirigían a Rusia.

Stanislav Petrob conocía muy bien las peculiaridades del sistema satélite OKO de alerta temprana Rusa y creía que este podría equivocarse. Así que consideró de nuevo que eran muy pocos misiles (solo 5), cuando E.U.A. tenía miles de misiles nucleares. Decidió esperar y finalmente se descubrió que era una falsa alarma causada por una rara conjunción astronómica entre la tierra y el sol y la posición especifica del satélite OKO.

Cuando le preguntaron ¿por qué no había dado la alerta?, contestó simplemente: LA GENTE NO EMPIEZA UNA GUERRA NUCLEAR CON SOLO 5 MISILES.

Este incidente avergonzó a altos funcionarios soviéticos y en materia de disciplina militar, consideraron que el teniente coronel Petrob se equivocó en su decisión, ya que su obligación era comunicar el dato a sus superiores y dejar que ellos decidieran si era error o no. Sin embargo dadas las circunstancias, no lo castigaron; pero si lo reasignaron a un puesto inferior y decidieron ocultar el incidente.

Hoy en día, Petrob se encuentra retirado del ejército y pasa sus días como pensionista en Fryazino Rusia, aunque no se considera un héroe por lo que hizo ese día. La Asociation of World Citizens (Asociación de Ciudadanos del Mundo). Le otorgó su premio "World Citizen Award" el 21 de mayo del 2004, que constó de un trofeo y mil dólares estadounidenses, por evitar lo que podría haber sido un DESASTRE MUNDIAL.

Yo le hubiera entregado mínimo cien mil dólares.

En enero del 2006, Petrob realizó un viaje a los E.U.A., donde fue homenajeado por las naciones unidas y donde posteriormente le fue entregado un segundo premio, de la Asociación de Ciudadanos del Mundo en el documental "The Red Button & The Man Who Saved the World" (El botón rojo y el hombre que salvó al mundo)

Petrob afirmó en el 2008: "Todo lo que pasó, no me concernía, era mi trabajo; estaba simplemente cumpliendo con él y fui la persona correcta en el momento apropiado... Eso es todo".

Ahora hablaremos del incidente del cohete Noruego (Rusia). El amanecer del 25 de Enero de 1995 los Noruegos, país miembro de la OTAN; lanzó un cohete suborbital Noruegoestadounidense. Para el estudio de las auroras boreales y otros fenómenos electromagnéticos de altas latitudes llamado Black Brant XII, con apogeo a 930 Km. de altitud.

Noruega, tiene un pequeño programa espacial propio del tipo científico. Pero este cohete era de largo alcance, el más grande que había lanzado nunca y de hecho, tenía dimensiones parecidas a los de un ICBM (Proyectil Balístico Nuclear Intercontinental). Con lo que su reflexión radárica y su marca térmica deberían ser parecidas.

El gobierno Noruego ha defendido siempre, que notificaron el lanzamiento a Rusia con antelación, pero el caos social, político y económico que se vivía en esa época de Boris Yeltsin. Es probable que ésta notificación no alcanzará a sus destinatarios. Entre ellos precisamente el departamento de observación del centro de seguimiento de lanzamientos espaciales del GRU en Serpukhov-15 y el mando de las fuerzas espaciales en Moscú.

Este lanzamiento, que pasaba lejos de las fronteras Rusas; fue inmediatamente detectado por los satélites OKO y los radares de descubierta de largo alcance LPAR, DUGA y DARYAL y hasta por muchos radares de la defensa antiaérea convencional.

Probablemente los ordenadores del Serpukhov - 15, debieron catalogarlo inmediatamente como un ICBM y efectivamente, dos minutos después; toda la fuerza nuclear Rusa estaba en prealerta. Con los planificadores de guerra, reasignando blancos para aniquilar Noruega. No obstante, conforme los satélites y los radares confirmaban que no había más lanzamientos y que la trayectoria del cohete no coincidía con un lanzamiento contra Rusia, el proceso de represalias quedo suspendido. En torno al tercer minuto, los especialistas de inteligencia espacial de Serpukhov - 15 y de Moscú ya sabían con toda certeza que no estaban asistiendo al compás de apertura de la tercera guerra mundial.

No obstante y hasta que se intercambiaron las explicaciones oportunas, el sistema permaneció en prealerta unas 48 horas.

De todos los incidentes que han estado a punto de desencadenar una guerra termonuclear, este es el único en el que había un cohete en el aire. Si bien no era un misil balístico, si tenía carácter militar alguno.

Es muy difícil saber la suma del armamento nuclear mundial, pero se estima que puede haber del orden de 30,000 armas nucleares, con una energía destructiva de 20 megatones cada una (cada megatón corresponde a un millón de toneladas de T.N.T.). Si tenemos en cuenta que los 12 y 20 kilotones de las bombas de Hiroshima y Nagasaki pudieron matar a 100,000 y 150,000 personas (Cada Kilotón, equivale a 1000 toneladas de dinamita), imaginen por un instante el poder destructivo de las bombas actuales, con millones de toneladas de dinamita.

Se considera que tanto EE.UU. como Rusia poseen armas nucleares con un poder destructivo de 15 a 20 megatones cada una y que en las primeras dos horas del inicio de una guerra nuclear, cuando menos se lanzarían de 1,000 a 1,500 bombas por cada lado. La destrucción del mundo, sería total, pues los daños producidos posteriormente por la radioactividad, el invierno nuclear, la lluvia negra, la contaminación ambiental y del agua; acabarían totalmente con toda la humanidad... Con una muerte lenta, pero segura.

¡OJALÁ QUE TODOS LOS JÓVENES Y ESTUDIANTES DEL MUNDO. TENGAN CONOCIMIENTO DE ESTA SITUACIÓN. PERO SOBRE TODO LOS PRESIDENTES Y DIRIGENTES MUNDIALES, PARA QUE EVITEN ESTA CONFRONTACIÓN, ANTES DE QUE SEA DEMÁSIADO TARDE!

Porque con situaciones como las de Afganistán, Líbano, Israel, Irán, Pakistán, India, Rusia, Georgia, Norcorea y Sur corea, China, Siria, así como Cuba y Venezuela, cada día nos acercamos a una guerra inminente, donde no habrá ni vencedores ni vencidos, sino solo desolación y también muerte.

Ni lo quiera DIOS, pero voy a enumerar unas cuantas ciudades que serían destruidas en las primeras tres horas de un conflicto nuclear, con todos sus habitantes: New York, Chicago, Los Ángeles, Boston, Filadelfia, Washington D.C., Atlanta, Miami, Houston, Dallas, San Francisco, Seattle, Portland, Sacramento, San Diego, Phoenix, Denver. Minneapolis, St. Luis, Cleveland, Pittsburg, Cincinnati, Tampa, Juneau, Pearl Harbor, Plymouth, Detroit, New Orleans, Las Vegas, etc. etc.. También serían atacados el pentágono y todos los centros militares conocidos por el espionaje enemigo.

Ciudades Rusas: Nizhnii, Novgorod, Samara, Togliati, Saratov, Volgrado, Moscú, San Petersburgo, Ekaterimburgo, OMSK, Kasan, Cheliabinks, Rostob del Don, UFA, PERM, Krasnoyarks, Voronezh, Tolyatti, Krasnodar, Izhevsk, Ulyanovsk. Todas estas serian atacadas inmediatamente, aparte de otras 50 o 100 de EE. UU. Y Rusia que no tiene ni caso nombrar.

Anotare otras cuantas ciudades que irremediablemente también serian atacadas, aunque no pertenecen a los dos países anteriormente mencionados: Londres, Manchester, Liverpool, Birmingham, Pekín, Tianjin, Shenyang, Wuhan, Cantón, Hong Kong, Paris, Lyon, Marsella, Burdeos, Lile, Toulouse, Berlín, Hamburgo, Múnich, Frankfort, Essen, Tel Aviv, Haifa, Eilat, Nueva Delhi, Pone o Poona, Pyongyang, Calcuta, Islamabad, Karachi, Seúl, Taipéi, Quebec, Montreal, Ottawa, Toronto, Tokio, Teherán, Vancouver, San Juan (Puerto Rico), México D. F., Monterrey (México).

Hay otras ciudades que no menciono, no por ignorancia; sino que doy por hecho que serían de las primeras en desaparecer, por ejemplo de Rusia: Kirishi, Cherepovest, Norilisk, Nizhny, Surgut Magnitogorsk, Sredneuralsk, Beresovo, Bratsk, Novokuznetsk y Angarsk.

Para mí, no tiene caso seguir nombrando ciudades y lugares; que serían destruidos en las primeras horas del conflicto, pues sería tan espantosa la destrucción de ciudades y de gente; que no habría tiempo para lamentaciones.

Baste decir, que de 2,000 a 3,000 bombas de al menos 15 megatones; estallarán en la faz de la tierra y las consecuencias inmediatas serán impredecibles, pues las radiaciones y los efectos colaterales posteriores acabarán con lo poco que quede de vida.

Los misiles balísticos lanzados desde los silos, los submarinos, los cruceros, los bombarderos estratégicos etc. etc., no podrán ser detenidos, ni con los escudos antimisiles que pongan las naciones en pugna.
Aquí voy a nombrar, unos cuantos de los efectos inmediatos de una guerra nuclear:

Si hubiera un enfrentamiento entre Rusia o China en contra de EE.UU., indiscutiblemente que Inglaterra, Francia, Israel, India, Pakistán, Norcorea e Irán no van a permanecer indiferentes y entrarían inmediatamente en el conflicto.

Se llegaran a detonar de 10,000 a 20,000 megatones de fuerza explosiva, lo que ocasionaría cuando menos; una cantidad mínima de 2,000 a 3,000 millones de muertos. (Niños, Jóvenes, Adultos, Mujeres, Soldados etc. etc.)

Nada más con el primer ataque de las bombas nucleares. El cielo se oscurecería, la temperatura bajaría durante muchísimo tiempo a consecuencia de las radiaciones y del polvo radioactivo del óxido de nitrógeno, producido por las bolas de fuego. El aire sería prácticamente irrespirable, la fotosíntesis no se produciría y la vegetación moriría e incluso en los océanos, la radiación ultravioleta acabaría con el fitoplancton y la cadena trófica de los mares, ocasionando su muerte. En poco tiempo, la lluvia y el polvo radioactivo acabarían con la poca cantidad de gente que aun quedara viva.

Es una estupidez de lo más atroz, el pensar que puede haber una guerra nuclear regional; ojalá que así fuera. Pues podría servir de escarmiento a las grandes potencias, para no llegar a la confrontación global.

Una guerra nuclear, indiscutiblemente ocasionaría el fin de la humanidad.

¿Cuál sería la solución para evitar esto?

En primer lugar, la urgente reunión de los principales líderes de los países que pueden iniciar esta guerra.

Por EE.UU.- El presidente Barak Obama.
Por Rusia.- Vladimir Putin y Dimitri Medvedev.
Por China.- Hu Jintao.
Por Francia.- Francois Hollande.
Por Inglaterra.- Gordon Brown.
Por India.- Manmohan Singh.
Por Pakistan.- Asif Ali Zardari.
Por Israel.- Benjamin Netanyahu.
Por corea del Norte,- Kim Jong-Un.
Por Irán.- Ayatola Ali Jamenei y Mahmoud Ahmadinejad.

Puede haber cambios en estos líderes, por diferentes cuestiones, pero lo fundamental es hacer conciencia absoluta, que nadie va a salir vencedor en una guerra así y que las consecuencias para la humanidad y el globo terrestre serán catastróficas.

También quisiera invitarlos a que vieran el cielo, en una noche llena de estrellas y que se dieran cuenta que todas y cada una de ellas son soles igual que el nuestro (o más grandes). Con muchos planetas girando a su alrededor y que pueden tener las mismas condiciones que nuestro mundo y que a lo mejor aún no están habitados. Que vayan hacia ellos y se los repartan, en lugar de estar peleando por el petróleo y las riquezas de este mundo tan pequeño llamado TIERRA.

La tecnología debe usarse, no para construir bombas nucleares destructivas, sino para construir naves espaciales, que sirvan para poblar el universo; con paz, amor y respeto.

Pregúntale a cualquier persona que veas por la calle o inclusive a muchos estudiantes de primaria y secundaria. ¿Cómo es la tierra comparada con el universo? Te aseguro que la mayoría no lo saben.

¡La tierra, es un granito de arena! Comparada con el universo y yo me atrevo a decir que ni siquiera eso. Pues nuestro sistema solar se encuentra en el brazo de una galaxia llamada Vía Láctea, la cual se encuentra formada más o menos por 100,000 millones de estrellas o soles igual que el nuestro. Y esta galaxia es una entre las centenares de miles de galaxias que forman el universo.

Además cada una de estas estrellas o soles, con sus respectivos planetas, con la nueva tecnología del electromagnetismo, podrán ser visitadas prontamente; si se cooperan las principales naciones del mundo.

Los problemas existentes en diferentes partes, por ejemplo en Afganistán, en Pakistán, en Irán, en Siria, entre Israel y el Líbano, entre Georgia y Rusia, entre Corea del Norte y Corea del Sur, entre China y EE.UU. por Taiwán. Pueden desencadenar una guerra en el momento menos pensado y aunque en menor escala se encuentran Venezuela y Colombia, la primera apoyada por Rusia, China e Irán y la segunda por los EE.UU. y la OTAN.

Igual sucede con Cuba, cuya dictadura ya resulta insoportable hasta para los mismos cubanos que viven en la isla y ya la soportan resignadamente.

Hay que evitar la guerra a como dé lugar y lo fundamental para hacerlo, es respetarnos los unos a los otros; sobre todo en las religiones que profesamos, también en las ideologías y pensamientos e igualmente en la no discriminación de las razas. Pues todos somos iguales; lo queramos o no, todos tenemos la sangre roja y nadie la tiene azul.

La única diferencia está en la oportunidad que tienen unos de estudiar y otros no. Lo que los hace más capaces para enfrentar los problemas de la vida.

Si Cuba, Venezuela, Bolivia, Nicaragua, etc. etc. quieren ser comunistas o socialistas, déjenlos que lo sean y si quieren tener dictadores que los gobiernen de por vida; déjenlos también. Que cada pueblo tiene el gobierno que se merece.

Si Bolivia quiere que su gente use coca todo el tiempo, también déjenlos; nada más no le permitan que la exporte ni la trafique. Pero si denle por favor una salida al mar.

Otra de las cosas fundamentales para siempre mantener la paz, es incrementar la competencia de los deportes. Así como se hace en las olimpiadas, con la presencia de todos los países. Pero hay que hacer torneos constantes de. Foot Ball Soccer, Basket Ball, Beisbol, Atletismo etc. Etc.

Si yo fuera millonario, había de promover el Foot Ball Americano y el Beisbol a nivel mundial; porque estos deportes llenan los estadios. El primero de ellos, muchos países no lo quieren practicar por el odio que le tienen sin razón a los EE.UU. por ser un país capitalista.

Pero imagínense Uds., lo increíble y fabuloso que sería presenciar un campeonato mundial de Foot Ball Americano; donde compitieran países como Rusia, China, Japón, Inglaterra, Polonia, Francia, México, Brasil, Argentina, España, India, Pakistán, Irán, Israel y todos los demás países de África, Asia, Europa, América y también Australia.

Además de que mantendría la paz mundial, alejaría a la juventud de todos los vicios y la criminalidad, pues habría dinero para todos. Y no nada más con ese deporte, sino también con el Beis Ball, con el Basket Ball, con el Rugby y con muchísimos deportes más que además de dar ganancias a los promotores, también dan ganancias a quienes los desempeñan.

Pero ahora, hablare de un flagelo imperdonable para quienes lo han cometido "Dios mío, no es posible". Se sabe de muchísimos curas pedófilos, que han abusado de niños y niñas. Como John Geoghan, de la arquidiócesis de Boston EE.UU., acusado y sentenciado a 10 años de cárcel, por abusar de un niño de 10 años y bajo sospechas de haber abusado sexualmente de otros 130 a lo largo de su servicio sacerdotal.

El cardenal Brasileño, Claudio Hummes, afirma que cuando menos existen 20,000, veinte mil, curas pedófilos en el mundo y si estos los multiplicamos por cinco; que es la cantidad mínima de niños que violan, cuando menos cien mil niños serán violados, sin tener protección de ninguna especie y el terrible crimen cometido en contra de ellos; no tendrá castigo. Pues la iglesia, se limitará a cambiar de lugar y parroquia al cura que se descubra cometiendo este delito para evitar el escándalo.

Es de todos conocido que el papa Benedicto XVI, pidió perdón en la plaza de San Pedro en Roma; por los abusos sexuales cometidos por curas católicos contra cientos de niños en Alemania, Austria, Italia, Holanda, Bélgica, EE.UU., Irlanda, México y muchísimos otros países. El mismo prometió ante más de 15,000 sacerdotes, monjas y religiosos provenientes de todo el mundo. Hacer todo lo posible para asegurar que ese tipo de abusos nunca más puedan ocurrir y añadió, imploremos insistentemente perdón a Dios y a todas las personas afectadas.

Luego de conocer las denuncias en México, contra el fundador de los Legionarios de Cristo: Marcial Maciel. El papa optó por la tolerancia cero.

También del abusador Brendan Smyth de Irlanda, protegido por las autoridades y que siguió cometiendo violaciones. Así como la orden de los "Hermanos Cristianos", que fue la más acusada y a la que le asignaron 161 millones de Euros para indemnizar a las víctimas.

Se puede nombrar una cantidad inmensa de pedófilos en el mundo, de los más conocidos está el reverendo Joseph Murphy, el cual se considera que cometió doscientas violaciones contra niños sordos en una escuela de Wisconsin EE.UU.

Aquí se requiere hacer un análisis concienzudo. Se considera que la mayoría de los niños y jóvenes con tendencias femeninas, son a consecuencia del dominio genético de sus hormonas femeninas desde su nacimiento. Pero en el caso de las violaciones de niños y jóvenes por pederastas, estos individuos influyen en el cambio de la sexualidad de ellos. Pues en lugar de convertirse en hombres, por la violación sufrida se convierten en homosexuales. Y aquí no cabe ninguna consideración para los pederastas violadores más que la castración o cadena perpetua. Pues pueden convertir al mundo en otra Sodoma y Gomorra.

Lo más importante, es que todos debemos de tener conciencia; que los crímenes de estos curas o personas en contra de la niñez, Son espantosos por el daño irreversible que ocasionan y si consideramos que tanto o más atroz es la impunidad que las autoridades de la iglesia de cada país y del vaticano han tenido para favorecer a los curas y funcionarios delincuentes.

La razón es obvia, al esconder el problema, salvarán la imagen de la institución religiosa o del gobierno.

En Brasil, unos 1,700 sacerdotes, están siendo investigados; por presuntos delitos sexuales. Donde incluso, uno de ellos ya escribió un libro; para la enseñanza de la pedofilia clasista "conseguir chicos pobres que no tengan padres". Recogerlos en la calle, de las comisarias, de los hospitales de la caridad y jamás involucrarse con niños ricos.

La santa sede reconoció 3,000 acusaciones de pedofilia en la última década; en el 60% de los casos no hubo proceso penal. Según la organización "Bishop Accountability" (Responsabilidad Episcopal), que se ocupa de registrar los casos de pedofilia en los EE.UU.; más de 4,000 curas de un total de 42,000 en todo el país han sido denunciados por abusos sexuales cometidos sobre cientos de niños.

Uno muy notable, fue el del reverendo José Luis Urbina; sobre quien pesa una acusación de abuso sexual de un menor en 1989. En la diócesis de Sacramento California. Urbina se declaro culpable y aceptó durante el proceso que se le siguió, que sí tuvo relaciones sexuales con un menor durante varios años; pero antes de conocer el veredicto abandonó Estado Unidos. Urbina actualmente trabaja desde hace 10 años en una parroquia de su natal, Navojoa, Sonora.

Afortunadamente los homosexuales no se reproducen y si

les dan el derecho de adoptar niños, estoy seguro que los convertirán igual que ellos.

Es necesario aclarar, que no estoy en su contra; pues unos genéticamente así nacieron y otros (Los que fueron violados y se hicieron homosexuales). ¿Qué culpa pueden tener?

La culpa es de los violadores, sobre los que debe de caer todo el peso de la ley; sin consideración de ninguna clase. Así sean Obispos, Curas, Funcionarios etc. Etc.

Hablaré ahora de la pobreza y de la riqueza, ya que son factores importantísimos en el comportamiento humano.

Los diez hombres más ricos del mundo

Carlos Slim de México.- 73, 000 millones de dólares
Bill Gates de EE. UU..- 67, 000 millones de dólares
Amancio Ortega de España.- 57,000 millones de dólares
Warren Buffet de EE. UU..- 53, 500 millones de dólares
Larry Elison de EE.UU..- 43, 000 millones de dólares
Charles Coch de EE.UU..- 34,000 millones de dólares
David Coch de EE.UU..- 34, 000 millones de dólares
Lika - Shing de Hong Kong.- 31, 000 millones de dólares
Liliane Bettencourt de Francia.- 30, 000 millones de dólares
Bernard Arnault de Francia.- 29, 000 millones de dólares

Todos conjuntamente tienen una fortuna de 451,500 millones de dólares, cuando la riqueza total de éste número de millonarios fue calculada por Forbes en 254,000 millones de dólares en el año 2009.

Es necesario analizar, la diferencia tan notable que existe entre los millonarios antes mencionados y la gente más pobre del mundo. En la actualidad se considera que existen casi 7,000 millones de habitantes

Estos ricos pueden gastar de 1, 000 a 5, 000 dólares diarios o hasta el doble o el triple y no se alcanzan a gastar todo el dinero en el tiempo que les queda de vida.

¡Aquí si cabe el axioma de que "NADIE DEBE DE GOZAR DE LO SUPERFLUO, MIENTRAS ALGUIEN CARESCA DE LO ESTRICTO"!

Y yo me pregunto, ¿por qué no invierten algo de lo mucho que Dios les ha dado, en poner unos laboratorios para encontrar la cura contra el cáncer y el sida o en construir escuelas, hospitales y fuentes de trabajo?

La mayoría de la población mundial, son pobres y si no tienen dinero para comer menos lo van a tener para estudiar y poder salir de la ignorancia. Las dos cosas juntas (Pobres e Ignorantes), son presa fácil de los carteles de las drogas, por lo que son reclutados fácilmente. Si los millonarios no entienden este razonamiento, los gobiernos tienen la obligación de ponerles una tasa impositiva de impuestos más alta; de acuerdo a los millones que estén ganando. Para invertirla en lo que antes mencione en forma certificada, evitando que los políticos se queden con el dinero.

Por eso debemos de luchar con todo nuestro esfuerzo, para combatir las dos cosas (la pobreza y la ignorancia), en la mayoría del mundo. Ojalá quiera Dios que alcance a publicar este libro, antes de que sea demasiado tarde.

Me preguntó mi yerno, Álvaro González Gómez.- ¿Cómo piensas ponerle al libro que estas escribiendo?

Yo le contesté categóricamente.- LA INEVITABLE TERCERA GUERRA MUNDIAL y él me dijo con justa razón.- Ese título está muy fuerte; prácticamente estás postulando esa guerra.

.- Mejor me gustaría que le pusieras:

LA MUY EVITABLE, INEVITABLE TERCERA GUERRA MUNDIAL.

Porque si tú logras sacar este libro y convences a todas las personas inteligentes para que pongan todo su esfuerzo y razonamiento para evitar esta guerra, estoy completamente seguro que se puede lograr.

¡Ojalá Dios te oiga!, le contesté.

Me he puesto a estudiar y analizar concienzudamente, todas las veces, en que los seres vivientes han poblado la tierra y también todas las veces; que por una causa u otra han desaparecido de ella. Llámese diluvio, choque de algún cometa, Sodoma y Gomorra, erupciones volcánicas tremendas que acabaron con la atmosfera terrestre etc. Etc.

En muchas profecías se ha especulado mucho, sobre el fin del mundo. Y antes, no podía ser factible; al menos que un cometa gigante chocara contra la tierra.

Pero ahora, con las guerras existentes y las amenazas constantes entre muchos países, además del poder destructivo de sus bombas atómicas, HOY SI PUEDEN ACABAR CON EL MUNDO. Todo está nomás que se encienda la chispa entre Israel contra Irán, Corea del Norte contra Corea del Sur, Venezuela contra Colombia y lo más peligroso, entre EE.UU. contra China o Rusia.

¿Qué es lo que estoy pensando al empezar a escribir este capítulo?

Le estoy pidiendo a Dios que me guie y me inspire a poner lo correcto y necesario para todo el mundo.

Cualquier persona con un poco de inteligencia y responsabilidad se da cuenta que la humanidad completa va hacia abajo, cayendo a un abismo; donde llegará el momento en que se va a autodestruir. Y lo malo, es que no existe forma de salvarla.

El principal problema, es la producción de armamento. En países como EE.UU., Rusia, China. Inglaterra, Francia, Italia, España, Alemania, Japón, India, Israel, Irán etc. etc. Y digo problema, porque es tan grande la producción de armas que ya no hay lugar donde usarlas. Por lo que las tienen en exceso y eso los obliga a crear conflictos por aquí y por allá, por todas partes del mundo para poder venderlas y seguir produciendo y ganando dinero por su venta. Sin importarles la cantidad de muertos que ocasionan. Como sucede en México, en donde ya han muerto más de 70,000 y morirán muchas más.

No necesito relatar todos los lugares donde ha sucedido lo mismo, pero cuando menos mencionaré unos cuantos:

Guerra de las dos Coreas, 1950 - 1953, Guerra de Vietnam contra EE.UU., La guerra de los 6 días entre Israel y los países Árabes, guerra de Irak contra Irán 1980 1988; que no tuvo vencedor ni vencido, la guerra cuando Irak invadió Kuwait en 1990 y terminó en 1991, la guerra de Croacia y Serbia 1991 - 1996 donde existieron matanzas injustificadas de musulmanes.

Las guerras existentes en la actualidad, donde están involucrados la OTAN. Pakistán, Afganistán y también los EE.UU. y que en lugar de bajar de intensidad; van aumentando paulatinamente. La situación en Siria (demasiado grave), donde se pretende quitar a Bashar Al-Assad que está gobernando desde el año 2,000 pero cuyo padre Hafez Al- Assad gobernó desde 1970 hasta el 2,000 cuando le cedió el poder a su hijo.

En esta guerra, se pueden involucrar con mucha facilidad; Israel, Turquía, Irán, Rusia y consecuentemente la OTAN, los EE.UU. así como China.

En todas estas guerras, se vende armamento en grandes cantidades; dependiendo el bando al que se quiera ayudar.

Las consecuencias fatales que E.U.A. no se ha puesto a considerar, es que el hecho de venderle armas a los carteles de las drogas Mexicanos; los hace más fuertes y difíciles de combatir y erradicar por parte del gobierno.

Por lo que la exportación y paso de drogas por México, traerá por consecuencia el uso y consumo de la misma; por toda la juventud Estadounidense.

El gobierno americano, tiene la obligación de apoyar incondicionalmente al gobierno de México en su lucha contra los narcotraficantes; con los cuales jamás se deberá pactar ni claudicar.

Pues imagínense por un momento. Un gobierno controlado por los narcos, ocasionaría un caos de secuestros, asesinatos, extorsiones, delincuencia generalizada y lo peor; toda nuestra juventud de E.U.A. y México consumiendo drogas.

¡QUE DIOS NOS AMPARE!

¡Que conste que yo se los advertí cuando aún era tiempo!

Para acabar con todas estas cosas, necesitamos forzosamente terminar con la corrupción existente entre los funcionarios que ocupan puestos claves dentro de los gobiernos.

Mientras este flagelo de la corrupción, domine la mente de todos los funcionarios que combaten el tráfico de drogas. Gobernadores, generales, coroneles, presidentes municipales, alcaldes, agentes, policías, aduaneros y sobre todo JUECES. El combatir los carteles de las drogas; será prácticamente imposible.

Hay que poner un principal interés, en los agentes aduaneros porque son fáciles de seducir con una cantidad grande de dinero; para hacerse de la vista gorda (como que no se dan cuenta del paso de mucha droga con su consentimiento). Por el lugar que están encargados de supervisar.

Por lo que todos ellos deben de ser seleccionados y examinados en su honradez y su ética, así como en sus antecedentes penales. Y sobre todo, hacerles conciencia que la droga que dejen pasar; tarde que temprano va a llegar a su familia y sobre todo a sus hijos. A través de las pandillas que como narco menudeo, están proliferando por todo el mundo.

La corrupción es un estigma, que pervierte al 80% de los funcionarios públicos; desde los más bajos de rango (policías, agentes, inspectores), hasta los más altos (Gobernadores, Jueces, Generales etc. etc.).

Y mientras no se exija con leyes penales más fuertes acabar con ella, seguirá existiendo en todos los países del mundo.

Pónganse a hacer un análisis concienzudo de todas las personas que los rodean, sobre todo los que trabajan en el gobierno y se darán cuenta que muchos de ellos son corruptos. Los Jueces, los Aduaneros, los judiciales, los inspectores, los agentes de tránsito y puedo enumerar muchos más; que sin duda alguna Uds. Ya conocen. Afortunadamente todavía existe gente honrada entre ellos.

Si queremos tener un mundo mejor para nosotros, pero sobre todo para nuestros hijos y nietos, deberemos de poner todo nuestro empeño en remediar todas las cosas que he enumerado. Armas, Drogas y Corrupción. Pero la que voy a tratar en el siguiente capítulo, debe atacarse inmediatamente; caiga quien caiga.

LA PEDERASTIA.- O abuso infame y deshonesto, cometido contra los niños puedo enumerar muchísimos casos sucedidos en muchas partes del mundo, pero los últimos y más notables descubiertos; sucedieron en Irlanda, México, Chile E.U.A, etc, etc.

Nada más mencionaré unos cuantos, empezando por el líder de los legionarios de Cristo. Marcial Masiel, que abuso de más de 30 seminaristas.

Nicolás Aguilar, acusado de abuzar y violar a unos 80 niños y niñas, protegido cuando fue descubierto por arzobispo de México y de los Ángeles California; para evitar que fuera castigado.

Sacerdote Fernando Karadima.- De la republica de Chile, quien tiene acusaciones de abusos sexuales contra niños y para quien se exige; que sea juzgado con el máximo rigor de la ley.

La iglesia, ni nadie; puede ni debe ocultar todos los abusos de pedofilia cometidos por sacerdotes o personas adultas en contra de niños.

Los gobiernos de todos los países, deberán implantar penas más severas contra todos ellos y también en contra de quienes los han encubierto.

Los pedófilos afirman que los niños, están capacitados tanto para aceptar o rechazar las relaciones de este tipo.

Pero si nosotros analizamos detenidamente, la mayoría de los niños entre los cuatro y trece años; no tienen dicha capacidad y menos aun si hay amenazas, violencia, intimidación o abuso por la fuerza.

La identidad sexual en los niños, es un factor importantísimo que debe tomarse muy en cuenta por parte de los padres; pues de ellos depende tal identidad.

El cincuenta por ciento de los homosexuales son niños que genéticamente, nacieron con tendencias femeninas.(Lo cual no es su culpa) y el otro cincuenta por ciento, son niños que fueron abusados por adultos aberrados y sin conciencia lo que les ocasionó su homosexualidad. Por lo que no es justo de ninguna manera tal hecho y la penalidad contra esos adultos que abusan de los niños; debe ser la pena capital o encerrados en la cárcel de por vida. Pues la penalidad que se les da ahora es tan insignificante, que por eso siguen proliferando por todas partes del mundo.

Hago la aclaración pertinente, que no estoy en contra de los homosexuales.

Ellos también merecen mi respeto como seres humanos y tienen el derecho de escoger una pareja con la que puedan ser felices, pero no deben de inducir a niños ni a jóvenes inexpertos a ser homosexuales; abusando de ellos o corrompiendo su mente y menos aun a la fuerza.

La ley tampoco debe permitir que parejas de homosexuales tengan niños, pues con el ejemplo que les den; los convertirán también en seres iguales a ellos.

Yo los invito a meditar. Sobre todo a la gente buena y noble que tiene principios de superación para la humanidad.

¿Qué pasaría si este mundo lo dominan los NARCOS, se permite legalizar el uso de las drogas, se impulsa a los homosexuales a través de la televisión y los medios de comunicación, diciendo que son algo fuera de serie y un ejemplo a seguir y se permiten los secuestros, extorciones y violaciones de niños; sin castigar de forma apropiada tanta maldad?

Sodoma y Gomorra quedaran chiquitos ante la situación de pecado y perversión que se avecina.

En la BIBLIA.- Abraham pide a DIOS por el mundo. Génesis 16.- Después los visitantes se pusieron de pie y empezaron a caminar hacia el mundo actual.

Abraham, los acompañó para despedirse de ellos.

17.- Entonces el Sr. pensó; debo decirle a Abraham lo que voy a hacer.

18.- Ya que el va a ser, el padre de una nación grande y fuerte. Le he prometido bendecir por medio de él a todas las naciones del mundo.

19.- Yo lo he escogido para que mande a sus hijos y descendientes que obedezcan mis enseñanzas (Los diez mandamientos de la ley de DIOS). Y hagan lo que se bueno y correcto, para que yo cumpla todo lo que le he prometido.

20.- Así que el Sr. le dijo. La gente del mundo tiene tan mala fama y su pecado es tan grave.

21.- Que ahora voy allá, para ver si en verdad su maldad es tan grande como se me ha dicho. Así lo sabré.

22.- Dos de los visitantes se fueron de allí al mundo, pero Abraham se quedo todavía ante el Sr.

23.- Se acerco poco más a él y le pregunto. ¿Vas a destruir a los inocentes junto con los culpables?

24.- Tal vez haya cincuenta personas inocentes en el mundo. ¿A pesar de eso lo destruirás y no lo perdonarás por esos cincuenta?

25.- No es posible que hagas eso de matar al inocente junto con el culpable, como si los dos hubieran cometido los mismos pecados! No hagas eso! Tú que eres el juez supremo del universo. ¿No harás justicia?

26.- Entonces el Sr. le contestó: Si encuentro cincuenta inocentes en el mundo, por ellos perdonaré a todos los que viven ahí.

27.- Pero Abraham volvió a decirle, perdona que yo sea

tan atrevido; al hablarte así, pues tú eres DIOS y yo no soy más que un simple hombre.

28.-Pero tal vez falten cinco inocentes para completar los cincuenta. ¿Solo por faltar esos cinco vas a destruir el mundo?

Y el Sr. contestó, si encuentro cuarenta y cinco inocentes; no lo destruiré.

29.- Tal vez haya solo cuarenta inocentes... insistió Abraham.

Por esos cuarenta no destruiré al mundo, dijo el Sr.

30.- Pero Abraham volvió a suplicar.

Te ruego que no te enojes conmigo, por insistir tanto en lo mismo; pero tal vez encuentres solamente treinta.

Y el Sr. volvió a decirle.- Hasta por esos treinta perdonare al mundo.

31.-Abraham siguió insistiendo.

Mi Sr., he sido muy atrevido al hablarte así. Pero que pasara si encuentras solamente veinte inocentes.

Y el Sr. respondió. Por esos veinte, no destruiré al mundo.

32.- Todavía insistió Abraham.-Por favor mi Sr., no te enojes conmigo; pero voy a hablar tan solo esta vez y no volveré a molestarte

.- ¿Que harás en caso de encontrar únicamente diez?

Y el Sr. le dijo. .- ¡Hasta por esos diez, no destruiré el mundo!

33.- Cuando el Sr. termino de hablar con Abraham, se fue de ahí y Abraham regreso a su tienda de campaña.

Este capítulo anterior, fue sacado del génesis en la Biblia, donde Abraham pide a DIOS por Sodoma y Gomorra 16 al 33.

Aquí viene una pregunta explosiva para todos los que lean este libro.

¿Tú crees que te encuentres entre esos diez que pueden salvar al mundo?

Pero así como existían en aquel entonces, ciudades tan perversas como Sodoma y Gomorra. Así existen en la actualidad muchas ciudades con la misma característica o peor aún, pues son idolatras, perversas, con odio racial absoluto, alcoholismo y drogas a lo máximo y desenfreno sexual sin límite tanto en hombres como en mujeres. Afortunadamente no todos, pero todos estos males; son contagiosos.

En el capitulo sacado de la Biblia referente al génesis, yo cambio el nombre de Sodoma por el del mundo. Pero enumerare unas cuantas ciudades que están más o menos igual

New York, Ámsterdam, Las Vegas, San Francisco California, Miami, Londres, Lima, Rio de Janeiro, Pekín, Paris, etc, etc, etc, etc.

Unos diez millones de niños son obligados a prostituirse en el mundo, con el inminente peligro de contagiarse de SIDA.

¿Y cuántas personas luchamos en contra de eso? Casi nadie, la mayoría pensamos

¿A mí que me importa? Mientras mi familia esté bien; los demás no me interesan.

Pero así como el SIDA es una enfermedad contagiosa, las enfermedades sexuales también lo son y a través de parientes, amigos, maestros o desconocidos; tarde o temprano también puede afectar a tu familia por no haber luchado por combatirlos y terminar con ellos definitivamente.

En base a la educación y respeto, enseñando a temprana edad en la familia en las escuelas y en el medio social. No proyectando como héroes a los narcotraficantes ni a las niñas y muchachas que quieren ser novias de ellos; porque tarde que temprano unos terminan muertos y otros en la cárcel de por vida.

Estoy seguro que se pueden obtener buenos resultados. Los medios de comunicación, como la televisión y el internet; serán las mejores armas para salvar o destruir a la humanidad.

En ese día 13 de Mayo del 2011, faltaban ocho días para que se acabara el mundo, según lo estaban profetizando algunos líderes religiosos y el 25 de ese mismo mes; me convertiría en ciudadano Americano junto con mi esposa. Y yo pensé, no va a suceder tal cosa a menos que estalle la tercera guerra mundial. Además que para obtener la ciudadanía me costó mucho trabajo, incluso estuve a punto de ser deportado.

Ahora, tengo ya 81 primaveras y el próximo 20 de Febrero cumpliré 82, esto no lo digo por presumir; pero cuando menos he leído 400 libros. Entre los que puedo mencionar como los que más me han gustado.

La Biblia, Los Hornos de Hitler, los protocolos de los sabios de Sion, La rueda. El lobo estepario, Don Quijote, Mi Lucha, El Capital, Historia de un Yoghi contemporáneo, libros de L. Ron Hubbard, de Karl Marx, de Friedrich Engels, de Buda, de Mahoma, de Confucio. El libro prohibido del cristianismo de Jacopo Fo.

El conocimiento adquirido a través de su lectura y de todas las cosas que me han pasado en la vida. Me dan derecho a opinar (aunque todavía me considero un absoluto ignorante).Que el mundo se podrá acabar solamente por dos razones especificas, una; porque choque con un asteroide gigante y dos (que es la más probable) que estalle la tercera guerra mundial y se use todo o en gran parte el armamento atómico existente.

El siguiente capítulo es especialmente para los niños que ya cumplieron 10 años y para los jóvenes de esa edad en adelante.

LA LIBERTAD.- Privilegio inherente del ser humano, con absoluta libertad de pensamiento, para hacer y actuar en todas las cosas de su vida; sin estar sujeto ni subordinado a nadie. Razonando por su propia decisión el hacer el bien o el mal impidiendo que alguien a través de la educación, le inculque ideas (lavado de cerebro), que le impidan el conocimiento de la verdad y de la libertad.

Como, trabajar donde quiera, viajar por donde quiera, opinar lo que crea que es mejor para sí mismo y su familia, creer en quien considere lo mejor, salir de su patria cuando quiera. Enamorarse de quien quiera, establecerse en cualquier parte del mundo donde pueda ser feliz. Estas y otras cosas más, son la absoluta LIBERTAD; si tú careces de alguna de ellas, NO ERES LIBRE.

Pero déjame decirte, que es importante tener toda esta libertad; pero sin afectar a nadie.

Porque tú puedes usar drogas (sabiendo las consecuencias sobre tu persona), pero no debes inducir a nadie más para que las use. Tú puedes matar, robar, secuestrar y extorsionar a quien tú quieras; pero no te gustaría que a ti o a tu familia le hicieran lo mismo. Por lo que tú tampoco debes de hacerlo.

En concreto, puedes tener toda la libertad que quieras, pero debes respetar a lo máximo, La vida, la libertad y la paz de todas las personas que conviven contigo en este mundo, Todos ellos deben de importarte tanto como tú y tu familia.

En este mismo capítulo incluiré. EL PEOR ERROR DE LA DEMOCRACIA.- En la mayoría de los países del mundo, menos en los estados unidos de Norteamérica U.S.A.

¿Por qué digo que menos ahí? - Lo voy a explicar, en primer lugar ahí no existe el partido comunista y si existiera; jamás lo dejarían llegar al poder.

Sin embargo en la mayoría de los países del mundo, sobre todo en Latinoamérica; existen diferentes partidos políticos, por ejemplo.

Partido Revolucionario, Partido Democrático, Partido Acción Nacional, Partido Comunista, partido socialista, partido de los trabajadores etc, etc.. Pueden existir muchos otros con nombres diferentes, como partido nacionalista, partido de obreros y campesinos, partido del pueblo etc, etc.

Y todo está bien porque hay una competencia leal por alcanzar el poder con representantes dignos, responsables, éticos y sobre todo no corruptos.

Pero que no triunfe el partido comunista o socialista o cualquiera de esa tendencia, enmascarado con un nombre diferente. Porque nomás suben al poder y cambian inmediatamente la constitución, controlan los medios televisivos y de comunicación y eliminan a todos los enemigos con diferentes justificaciones; para poder enquistarse en el poder. Como sucede en Cuba, en

Venezuela, en Nicaragua, en Bolivia, en Argentina y que también estuvo a punto de suceder en Honduras.

También controlan todos los periódicos y ordenan expropiaciones de empresas y tierras que ahora son productivas (gracias al esfuerzo de sus dueños), que las encontraron estériles e improductivas y que ahora funcionan gracias a su dedicación y trabajo.

Pues se las quitan con mil disculpas y se las dan a personas. La mayoría pobre e ignorante; pero no con el sentido noble y dadivoso de beneficiarlas, sino para formar con ellos un ejército de incondicionales. Dispuestos a jugarse la vida por alguien que les da migajas del pastel (de la riqueza del país que por derecho les corresponde).

Si tienen un poquito de inteligencia, yo los invito a que averigüen el capital de Fidel Castro, de Ortega, de Maduro, de Cristina, de Putin y de todos los presidentes comunistas que conozcan; enquistados en el poder. A ver si es cierto que aplican dentro de su familia una de las máximas comunistas que dice.

NADIE DEBE DE GOZAR DE LO SUPERFLUO, MIENTRAS ALGUIEN CARESCA DE LO EXTRICTO. Pues mientras ellos disponen de millones de dólares o euros; al pobre pueblo le dan atole con el dedo o lo restringen en todo principalmente en la LIBERTAD, la comida etc, etc, etc.

Felicitaciones al pueblo Hondureño por haber evitado que se implantara el comunismo en su país y que se cambiara su constitución; porque ese es el segundo paso que utilizan los comunistas, para convertirse en dictadores durante muchos años.

A todos los jóvenes del mundo los invito y exhorto a que no permitan que pase algo semejante en su Patria.

Ni tampoco permitan que se les adoctrine en algo que no es verdad. Ahora después de cincuenta años de dictadura en Cuba y adoctrinados todos los jóvenes cubanos, será prácticamente imposible cambiarles su manera de pensar; a menos que se les permita salir de su país sin condiciones y tengan la mente suficiente para razonar y saber qué es lo mejor para ellos y su familia.

Me da mucho coraje, el saber que existe gente que tiene millones y millones de dinero y no quieren saber nada de las condiciones de la humanidad; no les interesa nada ni nadie; solo su interés personal. Su lema es: "Primero yo, después yo y al último yo".

Pero no se dan cuenta que la degeneración, las drogas, la corrupción, las extorciones los secuestros y los asesinatos. Tarde que temprano llegaran a ellos y sus familias y lamentaran con lágrimas de sangre no haber hecho nada por evitarlo, cuando tuvieron la oportunidad de hacerlo.

¿Cómo debemos evitar esto? En primer lugar educar dentro de la familia, después en las escuelas y socialmente todo el tiempo. Hacer conciencia en toda la gente del mundo, que debemos de seguir estos dos mandamientos

Amarás a DIOS con todas las fuerzas de tu corazón, con toda tu alma y con toda tu mente y amaras a tu próximo como a ti mismo.

Mucha gente no cree en DIOS, porque son ateos y muchos otros tienen como a DIOS; a Yahveh a Jesucristo y al Espíritu Santo. Otros tienen por Dios a Buda, a Ala, a Shiva, a Confucio, etc, etc, etc.

Existen muchísimas religiones en el mundo y sectas ni se diga y cada uno de sus creyentes; aseguran que suya es la única y autentica en la que deben de creer e inclusive son capaces de matar, si no aceptas que su religión es la única y verdadera. Y yo les pregunto a los creyentes de todas las religiones. ¿Cuál DIOS enseña a odiar y no amar a todos sus semejantes?

Cuando todos los seres del mundo, lleven en su alma este principio de amor y de respeto para todos; sin importar raza, color, sexo, religión e idioma; tendremos en nuestro mundo un paraíso. La desigualdad económica y social es muy grande en todos los países del mundo.

Pues mientras existen personas que tienen riquezas exageradas con millones y millones de dólares, incluyendo edificios y mansiones súper lujosas, así como propiedades de toda clase. Hay otros que no tienen dinero ni para comprar la más miserable comida que pueda haber. Muchos inclusive mueren de hambre y la verdad es que no es justo de ninguna manera. Por lo que los gobiernos de todo el mundo tienen la obligación, con la inmensa cantidad de dinero que reciben de los impuestos;

proveer educación gratuita a todos los niños y jóvenes que tengan deseos de superarse.

Con una educación laica y sin doctrinas ideológicas especificas, pues todos los seres tienen derecho a elegir lo que más les convenga; tanto para ellos como para sus familiares.

Respetando todo el tiempo, las reglas de ética y moral establecidas por la ley.

Este capítulo siguiente, está dedicado exclusivamente a los ateos y a los que no han encontrado a DIOS.

Solo se requiere un poco de racionamiento para llegar a comprender su existencia.

Analiza todas las cosas que te rodean: Principalmente el aire que circula por toda la tierra, que si faltara diez minutos; la mayoría de la gente moriría irremediablemente, igual que si faltara el agua, el sol etc, etc. etc. en un poco más de tiempo.

También agarra cualquier fruta que te guste: Mango, manzana, aguacate, fresa, plátano, mamey, sandia, melón, papaya etc, etc, etc.

Todas ellas completamente diferentes, examínalas con calma y ve todas las características propias de cada una de ellas y piensa que científicos, de los más inteligentes que conozcas; sean capaces de hacer alguna de ellas... y tú mismo te contestarás que ninguno.

Después ponte a pensar en todo el reino animal que tenemos, la gran mayoría de él nos sirve de alimento; reses, cerdos, aves, pescado, atún, camarones, sardina, pulpo etc, etc, etc.

Y todos los demás, nos sirven de distracción, leones, elefantes, jirafas, hienas, gorilas, chimpancés, delfines, cocodrilos, víboras o mascotas como los perros, gatos, pericos, pájaros, águilas, guacamayas etc, etc, etc.

Y yo te pregunto: ¿Quien nos dio todo eso? ¿Y quién los hizo?

Tu podrás contestar que la naturaleza o la evolución a través de millones de años. Y yo te preguntare nuevamente. Quién crees que mantiene la existencia del sol. La luna y los planetas, a una distancia constante y con una armonía perfecta; igual que al universo a través de los siglos.

Y todavía te invitare a que uses un microscopio electrónico y analices el mundo de gérmenes, bacterias y virus existentes. De los cuales ni el más insignificante ha sido creado por ningún científico.

Igualmente. Analiza la cadena alimenticia, de la cual al final somos los seres privilegiados de todo lo que se produce en tierra y mar.

La última pregunta que te hare y que tu después de analizar, todo lo que te he dicho anteriormente; será

¿Quién crees que hizo todo eso?

Todo, absolutamente todo está perfectamente bien planificado; hasta la vida y la muerte. Y si además te das cuenta, que tienes la absoluta libertad de hacer el bien o el mal dependiendo de tu propia conciencia.

Llegaras a la conclusión. Que solamente una gran inteligencia, llena de amor y de bondad; fue la creadora de todo lo antes mencionado y esa inteligencia se llama DIOS.

Si aún así, no crees en su existencia y violas todos o en partes sus mandamientos estipulados en la Biblia.

Déjame decirte, que el castigara todo el mal que hayas hecho en este mundo. Pero todavía te dará la oportunidad de arrepentirte de todo corazón; tratando de remediar todas las cosas malas que hayas hecho. Y él, en su infinita bondad te perdonara; si tu arrepentimiento es sincero y tus buenas acciones compensan todo el mal que hiciste.

La falta de educación, la ignorancia la pobreza y el gusto por el dinero fácil; son el campo de cultivo que utilizan los narcos para reclutar adeptos, para transportar, vender e inducir a personas al consumo de las drogas.

La mayoría de las cuales se les ofrece a jóvenes y estudiantes. Al principio gratis y cuando ya se adiccionan y no pueden prescindir de ella, se les obliga a comprarla y como no cuentan con el dinero para hacerlo; tienen que robar, asaltar o ponerse a vender droga.

Buscando la forma de tener muchos clientes adictos, induciendo a sus amigos y compañeros de escuela.

Igual sucede con la prostitución:

Los tratantes de blancas, buscan en los países más pobres niños y niñas que carezcan de protección y con el señuelo de un buen trabajo o una vida mejor para ellos y su familia; se los llevan a países donde nadie los conozca y los venden al mejor postor (gente depravada y con mucho dinero que no les importa el mal que hacen).

La delincuencia y la crisis económica, son otros de los factores que influyen en la decadencia de la sociedad, Si no luchamos contra los carteles de las drogas, la delincuencia, los pedófilos, los traficantes de armas, los asesinos, los secuestradores, los extorsionadores y los traficantes de mujeres y niños. Ellos acabaran con nosotros.

Pero lo más importante para luchar en contra de todos ellos, es acabar con la corrupción en todos los países del mundo y solamente unidos se podrá lograr.

Se requiere llevar un registro mundial o banco de datos en computadoras, de todos los delincuentes y una cooperación absoluta de todos los países; para extraditar a cualquiera que se quiera esconder o proteger de los delitos que haya cometido. Buscando un país que no acepte la ley y reglas estipuladas.

El gobierno Mexicano solo, no podrá contra los carteles de las drogas; a menos que reciban ayuda de E.U. A.,

Colombia, Guatemala, El Salvador, Honduras y otros países.

Pues el poder de los narcotraficantes, ya rebaso a muchos gobiernos y hay inclusive muchos de ellos que los apoyan y están involucrados en el narcotráfico y no digo nombres pero ya sabemos quiénes son.

De la CORRUPCION, derivan casi todos los males de la humanidad y se debe de atacar con leyes más estrictas en todos los países del mundo. El problema tremendo de la sobre población mundial.

Se sabe que actualmente existen 6, 866 millones, casi 7,000 millones de habitantes y si se considera que la población aumentara un 40 % en los próximos cuarenta años; esto quiere decir que en el año 2,050 seremos más de 9,500 millones. Pero no debemos de asustarnos por tal cantidad, pues para entonces ya se habrán establecido bases en Marte, en Venus y lógicamente también en la Luna etc, etc, etc.

Y si se ponen a pensar un poquito en la inmensidad del universo, no nos alcanzarían ni 100,000 años para poblar una parte de él.

Lo importante es que hay que enfocar nuestro esfuerzo a través de la tecnología, para poder habilitar tantos planetas, Mandando naves aspersoras de semillas; que se reproduzcan en los lugares más inhóspitos y que preparen el terreno para la llegada de los primeros colonos terrestres, que puedan habitar esos lugares.

Indiscutiblemente que tales semillas al germinar, producirán oxigeno y agua; si es que no los hay en dichos planetas.

Así como existe la unión de países como la OTAN (preparados para la guerra y defensa de sus integrantes). Debe formarse una alianza más importante entre países amigos y enemigos, cuya principal meta seria la conquista del universo pero con AMOR y PAZ.

Sé que en la actualidad, ya existe tecnología de satélites en órbita a más de 500 kilómetros alrededor de la tierra; que equipados con poderosas cámaras de rayos infrarrojos.

Son capaces de identificar y detectar diferentes tipos de materiales a muchos metros de profundidad debajo de la corteza terrestre.

Ojala que esta tecnología se use en forma positiva, pues se pueden localizar una variedad infinita de cosas: Como antiguas pirámides, petróleo, oro, agua, diamantes, plata, casi todos los metales habidos y por haber e inclusive ciudades sepultadas en el transcurso de los siglos.

A México, Egipto, Perú, India, China y a todos los países del mundo, les convendría mucho usarla. Tanto aquí en la tierra, como en todos los planetas que nos rodean.

Ojala todas las personas del mundo lean y analicen detenidamente cada uno de los versos de la siguiente poesía titulada.

LOS DERECHOS HUMANOS.- La cual considero que no la compuse yo, porque sentía dentro de mi cerebro como si alguien me la estuviera dictando; pues después de terminarla. Se me hacía imposible que la hubiera hecho en tan solo una hora en el año de 1980.

"LOS DERECHOS HUMANOS"

Libres nacemos los seres humanos, iguales en dignidad; obligación y derechos, con razón y conciencia somos todos hermanos y debemos amarnos respetando estos hechos.

Sin distinción de raza, color, sexo, idioma, religión, opinión, origen nacional o social; proclamemos al mundo que nos sirva de norma, que no habrá condiciones por tener libertad.

Todos tenemos derecho a la vida, nadie podrá ser esclavo ni por fuerza o razón; que torturas ni penas degradantes decidan, el quitarle a los seres su gran corazón.

Ante Dios y la ley, todos somos iguales y tenemos derecho de exigir protección; de efectivos recursos ante los tribunales, contra actos injustos o de discriminación.

Nadie jamás podrá ser preso ni desterrado acusado de delito, sin su falta mostrar; debe haber juicio justo para ser condenado y rectos serán los hombres que lo deban juzgar.

Ni injerencias ni ataques a tu vida o familia, como buen ser humano deberás permitir; si el gobierno es malvado y corruptos afilia no lo dejes que obstruya tu derecho a vivir.

Circular libremente por el mundo completo, residir donde quieras y salir por igual; no podrán acosarte y si acaso hay intentos, tú podrás asilarte contra acciones del mal.

Si en honesto trabajo propiedades obtienes, ni gobierno ni nadie te podrán despojar y también religión o ideas que mantienes; tu podrás expresarlas en total libertad.

Si deseas opinar las verdades calladas, escoger quien gobierne o tu ser postular; no podrán imponerte dictaduras malvadas, ni alterando tu voto tus derechos cambiar

Elegir libremente el trabajo que quieras, percibir un salario con perfecta equidad y si acaso por viejo o cansado te hieras; protección se te brinde por tu esfuerzo y lealtad.

Si trabajas constante eficiente y honesto, un nivel adecuado en tu vida tendrás; los servicios sociales de vivienda y sustento, serán premio constante a tu lucha tenaz.

El acceso al estudio no podrá ser negado y cualquier ser humano lo podrá recibir, ni gobiernos ni nadie lo tendrán controlado y gratuito en esencia deberse impartir.

El poder disfrutar del progreso y las artes, de la paz, de los juegos y tener protección; son derechos morales que habrán de salvarte, cuando integres al mundo con justicia y razón.

Los deberes que tienes de respeto a la gente y las normas correctas que se deben guardar, son las reglas y leyes que mantienen decente; una hermosa existencia para la humanidad.

Pero lucha por estos tus derechos sagrados, que ignorante ni esclavo te podrán mantener; porque bueno es el hombre a quien Dios ha legado, una vida libre y digna que deberá defender.

¡Cuando todas las razas y naciones comprendan, que debemos tratarnos con respeto y amor; no habrá odios ni ofensas que las guerras enciendan, sino todos hermanos en un mundo mejor!

Quiero hacer un comentario muy importante respecto a esta poesía, yo ofrecía 500 dólares a la persona que hiciera una traducción más o menos perfecta de esta al inglés y hubo cuando menos 5 o 6 personas que lo intentaron. Pero cuando la leían otros, consideraban que no estaba bien hecha y a mí se me ocurrió meterla al internet explorer y cuando la volví a checar; ya la habían traducido a más de cincuenta idiomas. Por eso les digo y les recomiendo a toda la gente y sobre todo a todos los jóvenes del mundo que la analicen con mucho detenimiento; porque tiene muchos mensajes reales e importantes dentro de ella.

Estoy completamente decepcionado, al ver como la maldad invade todo el mundo.

La criminalidad, las drogas (incluyendo las psiquiátricas) recetadas por médicos a niños y jóvenes, los secuestros, las extorciones, la pedofilia, el tráfico sexual de niños y niñas, la corrupción imparable en todos los países.

No existe poder humano para detener la maldad, solo Dios podrá hacerlo o nosotros los humanos; guiados por sus mandamientos podremos lograrlo.

Si no, la destrucción del mundo será inminente, ya sea por la maldad antes mencionada o por las bombas atómicas de una tercera guerra mundial.

Hay veces que me pongo a pensar, si vale la pena el ponerme a escribir y terminar este libro. Pues nada me cuesta el mostrarme indiferente ante toda la degradación actual y buscar la manera de vivir feliz con mi familia el poco tiempo que me queda de vida; pues ya tengo 81 años.

¡Sin embargo no puedo permanecer indiferente ante tanta

estupidez programada!

Como la legalización de las drogas, de los matrimonios de homosexuales, de la indiferencia ante los curas y hombres pedófilos que abusan de los niños sin darles ningún castigo, incluyendo a quienes los encubren. Si no se les aplica la pena de muerte, cadena perpetua es el mínimo castigo que se les debe de dar.

No quisiera desviarme de estos temas tan importantes, pero hay otros que me están llamando completamente la atención; pues se está produciendo en muchos países latinoamericanos.

¡COMO CONSTRUIR UNA DICTADURA COMUNISTA! Con el lema "DE QUE EL FIN JUSTIFICA LOS MEDIOS". Primeramente en un país democrático, donde exista la libertad de formar un partido político. Hay que organizar un grupo de inconformes con el gobierno, incondicionales con el partido y que no les guste trabajar.

Luego hay que empezar a lavarles el cerebro con la frase: NADIE DEBE DE GOZAR DE LO SUPERFLUO, MIENTRAS ALGUIEN CARESCA DE LO ESTRICTO.

Con el tiempo llegaras a tener bastantes adeptos, porque ignorantes y estúpidos; es de lo que más abunda en este mundo. No quisiera referirme de esta forma a la mayoría de la gente, pues yo la respeto a lo máximo y sé que su ignorancia y estupidez; se debe a su falta de educación ocasionada por la pobreza en que han vivido y la falta de escuela en muchísimos lugares u otras razones

Luego ponle un nombre patriótico a tu partido, como por ejemplo

Partido de liberación nacional
Partido social demócrata
Partido de los trabajadores
Partido de la revolución
Partido obrero campesino
Ponle el nombre de cualquier héroe nacional importante

Partido John F. Kennedy
Partido de Vladimir Lenin
Partido de Simón Bolívar
Partido de Lázaro Cárdenas
Etc, etc. etc

Pero no le pongas Partido Comunista. Hasta que ya tengas el poder completamente controlado, también los medios impresos y electrónicos como las televisoras y las radiodifusoras.

A través de las cuales y con grupos bien preparados, lavas el cerebro de los que no creen en ti como líder y tampoco en tu partido político

Eliminas por la buena o a la fuerza a todos los que se te opongan y lo más importante; tienes que controlar la cámara de senadores y diputados con puros incondicionales tuyos. Inmediatamente después cambias la constitución, para que te puedas reelegir en la presidencia cuantas veces quieras

Así como lo hizo José Stalin, Fidel Castro, Hugo Chávez, Daniel Ortega, Evo Morales Rafael Correa y otros que quieren hacer una dictadura comunista y enquistarse en el poder como también Cristina Fernández de Kirchner. Donde los únicos millonarios son los gobernantes, pues se pasan el poder solo con familiares o incondicionales; a los cuales les dan los mejores puestos en su gobierno

Todos los dictadores de estos países, buscan la forma de atribuirse y conseguir un poder absoluto, desapareciendo o controlando los poderes; ejecutivo, legislativo y judicial.

Las características más importantes de los gobiernos comunistas. Es que cuando ya tienen el poder, inmediatamente cambian la constitución; para mantenerse en el poder eternamente o se lo pasan a su hermano, algún familiar o incondicional que los proteja

Pero lo peor de todo, es que la educación la controlan completamente, haciendo un lavado de cerebro en toda la gente; pero principalmente en los niños, para que crezcan creyendo absolutamente en la ideología comunista. Les inculcan que Dios no existe y los convierten en ateos

La frase esa, de que NADIE DEBE DE GOZAR DE LO SUPERFLUO MIENTRAS ALGUIEN CAREZCA DE LO ESTRICTO! Me parece exageradamente buena; si fuera aplicada en la forma correcta y verdadera. Pero resulta que únicamente los que están en el gobierno y controlan el poder. Son los únicos millonarios y tienen todo lo que quieren, residencias en muchas partes, aviones, coches súper lujosos etc, etc. etc. y lo malo de todos estos gobernantes; es que los ciega el poder y el dinero, pues no se conforman con robar 2,000 o 5,000 mil millones de dólares; los cuales ya no se pueden acabar en lo que les resta de vida, ni él ni toda su familia. ¿Si no lo creen? Analicen a todos y cada uno de los dictadores comunistas que conozcan y averigüen la cantidad de millones que tienen y a los idiotas que los apoyan, que con tal de no trabajar; aceptan las migajas que les dan y con eso se conforman. (Dicen que los perros abren los ojos a los 15 días, pero los pendejos nunca).

Puedo escribir un libro extenso, al respecto del tema de los dictadores; pero lo voy a reducir por la urgencia de parar la "TERCERA GUERRA MUNDIAL".

Por principio de cuentas, Voy a razonar de que existe un top secret, por el que E.U.A.

No ha invadido Cuba y quitado de ahí a la dictadura comunista de Fidel Castro. La cual ya se ha proyectado a Venezuela, a Bolivia, a Nicaragua, a Ecuador, a Argentina controlando completamente a esos países y tratando de controlar también a Brasil a Perú y Uruguay etc, etc, etc.

En 1962 cuando la crisis de los misiles, a punto estuvo de estallar la tercera guerra mundial. Pero estoy completamente seguro, que hubo un acuerdo entre Kennedy que era el presidente de los E.U.A. y Nikita Kruschef por parte de Rusia; para que este último se comprometiera a quitar los misiles que ya estaban en la isla de Cuba, listos para atacar a los E.U.A., a cambio de que el presidente Kennedy se comprometiera a no atacar a la isla de Cuba jamás. (DE LO CUAL SE A APROVECHADO FIDEL CASTRO, PARA EXPORTAR EL COMUNISMO SIN NADIE QUE LO DETENGA)

La verdad, es que me gustaría conocer ese top secret y que el gobierno de los E.U.A lo diera a conocer; para saber a qué atenernos. Así también podríamos averiguar completamente porque mandaron matar al presidente John F. Kennedy por no apoyar la invasión de Cuba; aunque ya se había comprometido a hacerlo.

Lo que se les olvido exigirle a Fidel Castro, además de quitar los misiles era: Que no debería exportar su doctrina comunista enmascarada con diferentes nombres; a todos los países latinoamericanos. Cosa que ha hecho, sin nadie que lo detenga.

Como ejemplo, solo diré:

El socialismo del siglo 21, que no es otro que el comunismo recalcitrante

¿Cómo sería la forma más apropiada de evitar la tercera guerra mundial?

Yo considero que lo más apropiado es: Que exista una comunicación directa cuando menos; un día de cada semana, entre los diez más importantes líderes mundiales.

Mencionare cuando menos unos cuantos. Obama, Putin,

Hu Jintao, Gordon Brown, Francois Hollande, Manmohan Singh, Shimon Perez, Alatoya Ali Jamenei, Kim Jong - El presidente de Pakistán, de Alemania, de España, de Italia y de muchas partes más que estén integrados en salvaguardar la paz del mundo.

Capítulos finales.- Lo más importante de la humanidad, ante la tremenda situación que se avecina es: Proteger a los niños y niñas, a los jóvenes de ambos sexos de la depravación que se está desatando entre todos los adultos a nivel mundial. Sobre todo entre los homosexuales, lesbianas, pedófilos y traficantes de personas. Si no paramos esta situación, la degeneración será imposible de controlar y si todos consentimos con la violación de la ética, las normas morales y las buenas costumbres.

ANTES DE 20 AÑOS EL MUNDO COMPLETO SERA UN CAOS, COMO LO FUERON SODOMA Y GOMORRA.

Que conste y además queda escrito, que dentro de mis medios disponibles de dinero y capacidad física; hice hasta lo imposible por evitar que todo esto pasara.

Ojala que los niños y jóvenes que son el futuro de la humanidad, aprendan a quererse y respetarse, sin importar la religión ni la raza que tengan y que además busquen la forma de no usar drogas de ninguna especie; para que todo el tiempo tengan la mente limpia y consiente para actuar en la vida.

Muchos países piensan legalizar las drogas y eso creo que sería el peor error de los que hemos cometido. He sido testigo de muchos adultos que usando mariguana y alcohol, se convierten en verdaderos asesinos hasta de su propios familiares y no se diga si usan drogas más fuertes; como la cocaína, la heroína etc, etc, etc.

¿Cuál es la solución más importante para salvar a la humanidad?

Dos cosas son fundamentales. En primer lugar, hay que acabar con la corrupción que existe en todos los países y niveles de sus respectivos gobiernos.

Se debe de crear una dependencia especial para acabar con ella y esa misma debe servir para atacar la impunidad de funcionarios, de asesinos, de pedófilos, de narcotraficantes, de extorsionadores y secuestradores que son fácilmente dejados en libertad por JUECES corruptos; aunque se les haya comprobado su delito y en otras ocasiones por abogados tranzas, que por dinero son capaces de sacar de la cárcel al asesino de su propia MADRE.

Un banco de datos a nivel internacional de todos los delincuentes existentes, sería una solución ideal; para todos los países del mundo.

Todos los funcionarios gubernamentales de todos los países, deben de pasar más que una prueba de capacidad; una de honestidad para servir al pueblo que los eligió.

Solo me resta invitar a todas las MADRES del mundo, a que luchen por conservar a sus hijos dentro de la ética y la moral; pues ustedes son la mejor arma que tiene DIOS para salvar a la humanidad. (BENDITAS SEAN).

Quisiera poder decir que el mundo se está salvando y va por el camino correcto pero la verdad es otra muy diferente, pues las drogas invaden todos los países y la homosexualidad va aumentando en forma increíble por causa de los pedófilos y la publicidad favorable que se le da en los medios de comunicación, conjuntamente con los asesinatos, secuestros, extorciones y prostitución. El mundo ha caído en un abismo, con las peores aberraciones del cual solamente DIOS podrá salvarlo.

Como sé que la corrupción y la impunidad son las principales causas de esta debacle, me llegaron a la mente; los siguientes pensamientos.

La maldita corrupción y también la impunidad, son un cáncer espantoso que acaba a la humanidad.

Si te quieres convencer, nomás mira alrededor; hay corruptos por doquier y tranzas al por mayor.

Al mundo se le hunde el barco, lo tenemos que salvar; de pedófilos y narcos que los quieren secuestrar.

Aprendices de malditos, dejen ya de extorsionar; no cometan más delitos y pónganse a trabajar.

Sé que no tienen conciencia, porque matan inocentes: DIOS no les tendrá clemencia cuando les llegue la muerte.

Es mejor brindar cariño y no crimen ni maldad,

salvaremos a los niños dándoles felicidad.

No quiero seguir insistiendo en que hay que hacer conciencia inmediata a todos los gobernantes del mundo, sobre todos a aquellos que tienen bombas atómicas y que están a punto de tener un enfrentamiento armado; ya sea directa o indirectamente, apoyando a países que están bajo su control económico o ideológico.

Hay en la actualidad cinco lugares verdaderamente tensos, donde puede dar inicio la tercera guerra mundial.

El primero de ellos, que yo considero el más peligroso. Es el posible ataque que haga Israel en contra de Irán o viceversa o también el posible ataque que haga E.U.A. en contra de Irán, porque indudablemente Rusia y China se pondrían del lado de Irán.

La rivalidad existente entre Israel e Irán, va en aumento y las amenazas también.

En segundo lugar, creo que la rivalidad existente entre Corea del Norte y Corea del Sur, también puede desencadenar la tercera guerra mundial. Sobre todo sabiendo que Corea del Norte ya tiene bombas atómicas. Y también los ataques y advertencias en lugar de disminuir han ido aumentando. Aquí, se involucrarían indiscutiblemente E.U.A., Japón y Formosa en favor de Corea del Sur y China y probablemente Rusia en favor de Corea del Norte.

En tercer lugar, que yo estoy viendo muy difícil; porque no se ha podido terminar. Es la guerra civil en Siria, en donde se intenta quitar a Bashar Al-Assad que está en el poder desde el 17de Julio del 2,000; pero hay que ver que heredo la presidencia de su padre Hafez Al- Assad, que gobernó desde 1970 hasta el 2,000 fecha en que murió. Supongo que por esa razón, al ser una dictadura heredada muchos inconformes en Siria se rebelaron en contra de él.

Y aquí está la clave del análisis. En cualquier parte del mundo, no se debe permitir que un individuo se enquiste en el poder y gobierne por más de 20 años, como está sucediendo en Corea del Norte, como sucedió en México con Porfirio Díaz, como sucedió con Gaddafi en Libia, con Stalin en Rusia y el más notable de todos los dictadores (por su duración en el poder) Fidel Castro de Cuba. Y menos aun, debe permitirse que cedan la presidencia o el poder a un hijo, a un hermano o a un amigo.

Deben realizarse elecciones limpias, transparentes, que nadie las controle y supervisadas; por personas independientes ajenas al gobierno en turno. Lo más importante aquí es, que Siria ya es una dictadura y Bashar Al-Assad debe abandonar el poder, pues igual que todos los dictadores; ya tiene muchísimo dinero, más que suficiente para vivir feliz él y su familia el resto de sus vidas.

Más la ambición del poder, el dinero y el control del país los ciegan, a todos los dictadores; por lo que no les importa que mueran miles de inocentes con tal de mantenerse en la cima del gobierno. Y son capaces de hacer pactos secretos con otros gobiernos que los apoyen para poder mantenerse en el poder recíprocamente

Esa es la situación de Siria pues existen rumores de un pacto entre Rusia, Irán y Siria; que si se llega a presentar, habrá un enfrentamiento contra E.U.A., Israel y la OTAN. Contra los tres países mencionados, incluyendo con ellos a China y Norcorea. OJALA QUE ALCANCE A PUBLICAR ESTE LIBRO, ANTES DE QUE SEA DEMACIADO TARDE Y NO ESTALLE LA TERCERA GUERRA MUNDIAL.

Es importantísima la comunicación constante para aclarar los malentendidos que suelen presentarse casi diariamente y que pueden dar inicio a esta tercera guerra.

Kim Jong - Un, el presidente norcoreano amenazó recientemente con atacar con un misil a los E.U.A., a cualquiera de sus bases o a Japón inclusive. Pónganse a pensar por un momento, que hubiera pasado; si efectivamente hubiera mandado ese misil a cualquiera de esas partes antes mencionadas. Indiscutiblemente que los E.U.A. responderían con todo su poder para atacar a Norcorea e inmediatamente China que tiene un tratado con Norcorea, también hubiera intervenido a su favor y posiblemente también Rusia e Irán; desencadenando sin remedio la última guerra mundial. Afortunadamente no paso a mayores, pero tomen en cuenta que; no podemos estar en las manos de un loco o un psicópata que maneje cualquier gobierno de los antes mencionados. Porque una acción de esas puede tornarse irreversible.

CONCLUSIÓN

Lo más importante y que yo quiero remarcar, al terminar este libro es que todos los presidentes o primeros ministros de cualquiera de estas naciones; que tienen el poder de las bombas atómicas. No se les vaya a ocurrir atacar a cualquier otra nación, creyendo que pueden salir vencedores; pues aquí no los habrá porque indiscutiblemente todos terminaremos muertos. Hasta los que no queremos la guerra.

Solo me resta dejarles esta poesía, que espero que se la aprendan antes de que sea demasiado tarde:

"LA VOZ DE LA HUMANIDAD"

¡Basta ya potencias de la guerra!, asco me causa vuestra lucha impía; si pensáis hacer añicos la inocente tierra, hacedlo pronto de una vez en este día.

A nadie le importan los pregones falsos, ni la hipócrita cara que enseñáis ufanos; si en verdad queréis la paz, daos un abrazo para que el mundo os admire como hermanos.

¿Quién olvida a Pearl Harbor, a Berlín e Hiroshima? ¿Quién se olvida de Londres, Nagasaki o Stalingrado? No hacen falta conferencias en la cima; para saber la mortandad que habéis causado.

Más las guerras pasadas, fueron juego inocente; si pensáis en las armas que ahora habéis descubierto, pues si estalla una guerra con las bombas presentes; no habrá nadie en la tierra que no quede bien muerto.

¿Y quién saldría vencedor en ese combate? En un mundo destrozado por tal suerte; para gloria de aquellos que resulten triunfantes, a de tocarles por laurel. ¡LA MUERTE!

Si razones no valen, por la paz exigirles y la guerra espantosa nos asignáis por destino; no he de negar la verdad al decirles, recua de imbéciles, ignorantes, cretinos.

MELCHOR CALDERON ESPINO

BIOGRAFÍA

Nacido el 20 de Febrero de 1932 en la hermosa ciudad de Uruapan, Michoacán. Hijo de Don Heriberto Calderón y la Sra. Aurora Espino Hernández.

La primaria la cursó en la escuela Juan Delgado, la secundaria en la Federal #28, los estudios de preparatoria en la vocacional #4 del Instituto Politécnico Nacional y 6 Semestres de medicina en el mismo.

Desde chico se caracterizó por la búsqueda de justicia e igualdad. Emigró a la ciudad de México, donde se caracterizo por ser un exitoso comerciante y participar activamente en la política Mexicana en el Partido de la Revolución Democrática.

Emigró a los Estados Unidos a principios de la década de los noventa, donde actualmente reside.